のための

話

たメソッド

はじめに　「対話」には、人間関係を変えるパワーがある！

「価値観」を共有すると心がスッキリする

たとえば、2年間つきあってきたパートナーがいるとします。いつの頃からかパートナーに対して、「**なんだか価値観が合わなくなってきた**」と感じている自分がいます。

そんなとき、あなたはどんな行動を選択しますか？

一つは、**価値観が合わないという違和感を覚えながらも、そのことを見て見ぬ振りしてつきあい続ける**という選択肢がありますね。

このつきあい方は、二人の関係に波風が立つことは少ないかもしれません。ただ、一緒にいることが無意識のうちに辛く感じることがあるでしょう。

そのため、なんとなく「一緒にいても楽しくない」という気持ちになり、二人の心の距離はどんどん離れていきます。

その心の距離は、徐々に目に見える物理的な距離へと変化し、気がつけばつきあい始めた当初より一緒に過ごす時間が格段に減っていくでしょう。

別の選択肢としては、**〝なんだか価値観が合わない気がする〟**と、**自分の想いを誠実に伝えるつきあい方**があります。

どういうところで価値観が合わないと感じているのか？

二人の関係について、自分がどんな気持ちを感じているのか？

そのために、

「自分の考えや気持ちを正直に伝える」

「相手の考えや気持ちもしっかり聴く」

という行動に出る。

その結果、二人は価値観をすり合わせて、以前より仲良くなるかもしれない。はたまた、つきあいはそこで終了するかもしれない。未来は二人にしかわかりません。

ただ、つきあいが続くにしても終わるにしても、**自分の想いを誠実に伝えるというプロセスを大切にした結果、心はスッキリする**はずです。

なぜなら、違和感を覚えながら一緒にいるより、「わかりあいたい」という姿勢で対話したほうが、お互いに納得できるからです。

事実、私がアドバイスをさせていただいた経営者の方が、夫婦関係において自分の想いを誠実に伝えたことによって、以前より深い心のつながりをお互い感じられるようになり、夫婦円満になっています。

部下が言うことを聞いてしまう指示出しの秘訣

もう一つ。あなたの指示を聞かない部下がいます。組織全体のためにも、そして部下本人の成長のためにも、まずは指示をしっかり守って仕事してほしい。しかし部下は、上司の指示内容とは違う「自分のやり方」にこだわって仕事しています。

もちろん成果は上がりません。正直なところ、部下との関係が上司にとってストレスの大きな原因となっています。

あなたがこの部下の上司だとしたら、どんな行動を選択しますか？

一つは、「**指示を守るように言ってもムダだったので、放っておく**」があります。

こうしたくなる気持ち、わからなくもないですね。ただ、いい方向に向かうとは思えません。

別の選択肢としては、部下に「**自分のやり方にこだわる理由を徹底的に聴く**」があります。部下が考えていること、感じていることを「理解したい」という想いを伝えるところからスタートするのです。

部下の仕事を放っておくことで、上司であるあなたは、一つ「責任」を放棄してしまうことになります。この選択が生む残念な結果は、上司であるあなたが無責任な状態になってしまうことです。

その「無責任」な姿勢は組織全体に広がり、最終的にはチームマネジメントが立ち行かなくなってしまうでしょう。つまり問題が拡大する選択と言えます。

一方、部下が考えていること、感じていることを「理解したい」という意欲を持ったところからスタートすると、理解できることがたくさんあります。

まず、**部下が「何を考えていないのか？」がわかります**。

さらに対話を続けていると、**部下が考えられるようになるために、「どんな情報を知る必要性があるのか」もわかってきます**。

ここまで部下のことを理解できると、あなたの指示の出し方が変化していきます。**部下を理解するために対話していると、あなた自身の「育成する力」や「チームマネジメント力」が高まり、組織全体に貢献する**ことになるのです。

「対話するかしないか」でパートナーシップも仕事も、まったく別の展開が待っています。

「人間関係は面倒くさい」と思ったことはありませんか？

あなたもこう感じたことがあるのではないでしょうか？

「ちゃんと伝えてくれて、意味がわかれば納得できたのに」と。

と同時に、「どこまで伝えたらいいのかわからない。言い過ぎて相手を傷つけたりするのも嫌だ」。私も過去にはこのように思っていた一人です。

もともと、私は人間関係を構築するのが得意ではありませんでした。子どもの頃から共感性に乏しく、目的のない会話が何よりも苦手だったのです。

いま思えば、目的のない会話など存在していなくて、周囲の人たちは「仲良くする」という目的のために会話できていたのだと思います。

しかし、私にはそれができなかった。そのため、「何を考えているかわからない奴」と思われ、悲しい誤解をされることも多かったのです。

物心がついた頃からそんな調子なので、学生時代は学校をよくサボっていた記憶しかありません。きっと、人に会うのが面倒だったのでしょう。

そんな私が、人間関係とコミュニケーションの壁にぶち当たったのは27歳の頃でした。当時、仕事では売上、部下の育成、チームマネジメントなどに責任ある「マネジャー」という立場にいました。

指示命令しか伝えられない私は、部下に「あの人とは一緒にやれない」と思わせてしまったのです。

結果、何人も辞職していきました。

また、部下とだけでなく、上司ともうまくコミュニケーションがとれていなかったのです。目的のため、目標達成のため、人の気持ちを無視して進もうとする私に、一生懸命大切なことを伝えてくれた上司、人生の先輩方、そんな大切な人たちの声をあっさり無視して「成果こそすべて」と冷酷になっていったのです（後に当時を知る友人からは「あの頃の淳くん、独裁者だって思っていた」と言われてしまいました）。

「相手にわかってもらえない」は、私に原因があった！

もちろん、仕事面のみならず、家族関係も厳しいものがありました。コミュニケーションがとれない私といることは、家族にとって苦痛でしかなく、子どもにも悪影響があり、たまりかねた妻は私に別宅を用意しました。

仕事では毎日イライラ、家に帰ってもイライラ。振り返れば、あの頃はすべてに怒っていました。

「なんで、誰もわかってくれないんだ！」

そして怒り疲れると、決まって自分がとてつもなく悪い人間のような気がしてきたものです。「生きている意味あるのかな？」と、強烈にネガティブな思考が頭を埋め尽くし、近所の河原を虚ろな目をしながら歩く毎日。

人を責めるのにも疲れ、自分を責めるのにも疲れていました。疲れた中で「このままではいけない」そう感じた私は、そこから「人間関係」や「コミュニケーション」について学習し始めました。

「**ここまでわかってもらえないのは、相手じゃなくて、自分のコミュニケーションに致命的な問題があるのかも……**」

そう感じ始めたのが、変化のきっかけでした。

なんとか現状を変えたい一心で、人間関係やコミュニケーション、マネジメントや心理学についての本を読みあさりました。また、それらについて学べるセミナーがあると聞けば、とにかく参加して意欲的に学んだものです。

現状を変えたかった私は、本やセミナーで学習したことを毎日必ず仕事の現場で実践し、ノートに記録しました。気がつけば、ノートに書き記していった膨大な事例がノウハウとなり、徐々に仲間との人間関係が良くなっていったのです。

また、**新卒離職率50%の業界で、社内において4年間新卒離職0《ゼロ》%を達成**しました。そのうちに、友人の経営者から部下との関わり方について相談を受けるようになりました。

すると、「部下にどう伝えたらいいのかわかってスッキリした、ありがとう！」という感謝の言葉をもらえるようになり、友人の会社経営がスムーズになっていくのを見ながら、なんとも言えない喜びを感じるようになっていったのです。

「対話力」を身につけ、あなたらしい未来を創ろう！

自分自身が悩みに悩んだこと、その悩みをなんとかしたくて実践してきたことが元で、現在では「コミュニケーションクリエイター」として、全国の経営者・ビジネスパーソンからのご相談に乗っています。

自身の体験から、家族との良好な関係にも、健全な組織運営にも「対話力」は必須だと確信しています。なぜなら、**対話こそが人間関係を育み、「心理的安全性」をつくり出す**からです。

心理的安全性は、豊かな人間関係の土台になり、家族に支え合いを、組織には成長と利益を運んできてくれます。

現在、部下育成やチームマネジメントに悩む経営陣やマネジャー、人事担当者は非常に多いです。その理由は、本当の対話のスキルを誰も教わっていないからです。

さらに、コロナ禍で、オンラインやリモートワークでの仕事が急増し、ますます部下との意思疎通がとりにくくなっているのも、そこに拍車をかけています。

本書は、そんな悩めるビジネスパーソンに、「対話」についての原則をわかりやすく伝える本です。のべ2万人以上との対話で培ってきた膨大なトライ・アンド・エラーから抽出した「対話のエッセンス」を、ノウハウとしてわかりやすくお伝えし、あなたにビジネス上でのあらゆるシーンで必要となるコミュニケーション力を向上してもらいます。

「**『信頼』を基盤にした人間関係を構築し、ありのままの自分で幸せをたくさん感じる働き方を選択してもらいたい**」

この本にはこんな願いを込めました。

それでは部下から信頼され、わかりあえる「対話」の方程式をスピーディーに身につけ、あなたの仕事に変化を起こす方法を詳しく説明していきます。

２０２１年10月吉日

田口《たぐち》淳《じゅん》之介《のすけ》

目次

第2章　望んだ人間関係がつくれる「対話の方程式」
——「相手を理解できる！」「自分を理解してもらえる！」が増える

第3章　実践！ 部下や上司とわかりあえるための対話術
――成果は、「仕事と対話のスキル」の両輪で決まる！

企画・編集協力／遠藤 励起
装丁協力／佐藤 安里

第1章

人の心をつかむ対話には「方程式」があった！

「自分自身と対話」ができれば、
人とわかりあえる

98%の人は、「対話」の持つ本当の力を知らない

対話が変わると人間関係が変わり、人生が変わる！

「あなたは、コミュニケーションに自信がありますか？」

こう聞かれて「自信があります！」と答えられる方は少数だと思います。

「コミュニケーション」や「人間関係」についてのセミナーを毎月のように開催してきた私は、コミュニケーションに自信がある人より、自信のない人のほうが圧倒的に多いと感じています。

さらに言えば、**ビジネスパーソンが「対話」の持つ本当の力を知らないまま過ごしていて、自分の仕事や人生をより良くするために、「対話」というスキルを使いこなせていない**と考えています。

現代の多くのビジネスパーソンが対話というスキルを使いこなせていない理由は、なんと言っても**本当の対話を見たことがないまま大人になった**からです。「見たことがない」と言い切ってしまうのは極論のようにも感じますよね？

このように言い切ってしまうと、「仕事場では、わりとコミュニケーションをとるようにしている！　何を言ってるんだ！」とお叱りの言葉をもらうかもしれません。

また「私は人と話すのが大好きだから関係ない」と思う方もいるでしょう。

しかし、私はあえて言い切ります。「あなたは本当の対話を見たことがない」と。

仮に、これが言い過ぎだとしても、大人になっていく過程の中で、対話によって「合意を取る」という体験をしてきた人は、非常に少ないと言えるのではないでしょうか？

最も大きな要因は、社会的背景にあります。いま、社会で働く20代から40代の方の「親世代」は、日本が経済的成長を遂げていった時代にバリバリ働いていた方々です。

親の世代は、皆がとにかく一生懸命に働いていた時代。私が子どもの頃（１９８９年）には「24時間、戦えますか」というＣＭのフレーズが大流行しました。

「モーレツ社員」や「企業戦士」と言った、私生活をかえりみず仕事にうち込むサラリーマンのことを表現する言葉が生まれたのもこの頃です。

このことからもわかるように、当時の日本には、いまでは当然の価値観となりつつある「ワークライフバランス」という概念はなかったのです。

つまり、私たちが子どもの頃は、大人は仕事でいつも忙しいのが当たり前で、家庭での対話、たとえば「夫婦の対話」や「親子の対話」の優先順位は、いまより極端に低かった時代と言えます。

また、仮に対話があったとしても、「合意」を目指すようなカタチの対話はさらに少なかったように思います。

合意を目指すというよりも「お父さんが言っているから」とか、「お母さんが言っているから」が「理由」としてまかり通っていたケースが多かったものです。

これは、家庭に限らず学校や職場でも同じでした。

「先輩が言っているから」
「先生が言っているから」
「社長が言っているから」

そう、当時は対話ではなく、**「誰が言っているのか？」という権威からの発信がそのまま「理由」となる時代だった**のです。

なぜ、「誰が言っているのか？」が最重要視されたのでしょうか？　それは、**家庭や学校での部活、会社などあらゆる組織の構造が「ピラミッド型」だったからに他なりません。ピラミッド型の組織では、対話より「指示・命令」が力を発揮します。**

このように、時代背景から考えていくと、「本当の対話を見る機会が少ない」のもうなずけるのではないでしょうか。

現代の働き方は、社内、社外問わず流動的な働き方にシフトしつつあります。

プロジェクトごとに短期間でメンバーが入れ替わることも珍しいことではありません。

また、社外の専門家と一緒に働くこともあるでしょう。

一昔前と違って、**「権威者」の発言だけに頼って仕事をするスタイルは、時代にそぐわないものです。そぐわないどころか、多くの人に忌み嫌われています。**

「上司と部下」という関係性においても、対等性を持ちながら「対話」する力が求められているのは、時代が変化した結果なのです。

そして、私たちはスキルや能力の問題以前に、そもそも「見たことがないことはできない」生き物です。

この本を読み進めていくうちに、まずは「これまでは、対話しているつもりだったのかもしれない」と気がついてもらえたら嬉しく思います。

そして、本書では具体的な対話の方法をお伝えしていきますので、ぜひ実践してみてください。

実践していくことによって、自分自身に対する理解、そしてあなたの仲間や大切な人に対する理解が深まっていきます。

対話が変われば、人間関係が変わります。

人間関係が変われば、人生そのものが大きく変化していきます。

「対話」の力を最大限引き出すための大原則

誰かと話す前に、まず「自分自身」と話しなさい！

「対話」と聞くと、「部下との対話」「家族との対話」など、第三者とのコミュニケーションを思い浮かべる方が多いと思います。しかし、**あなたが1日を通して最も多く対話しているのは、他の誰でもない自分自身です。**

朝起きた瞬間「まだ眠いなぁ」とか、午前中の終わりに「ランチに何を食べようかなぁ？」といった具合に、思いは言葉となり、脳内で確認されています。

時には「この人と結婚しようかな？」と、人生の大きなイベントに対しての問いが、頭の中に浮かんでくることもあるでしょう。

アメリカで行われたある心理学の研究によると、「**人間は、1日におよそ6万個のモノゴ**

トを考え、3万回の選択をしている」と言われています。日常の些細なことから人生の大きなイベントまで、人間は自分の頭の中でアレコレ対話を繰り返し、決断していると言えます。その決断が、人生を創造しているのです。

ここで、人生を創造する「**対話の大原則**」をお伝えします。その大原則とは、「**自己との対話の量と質が、他者との対話のクオリティに完全に比例している**」というものです。

自分と上手に話せている人は、他者とも上手に対話できる。
自分とうまく話せていない人は、他者とも上手に対話できない。

これが対話の大原則です。

なぜ、自分と上手に話せている人は、他者ともうまく話せるのでしょう？　それは、「**人は自分が持っているものしか他者に与えられない**」という理由からです。

あなたがパンを持っているなら、そのパンを他者に分け与えられます。あなたがお金を持っているなら、そのお金を使って、恋人や友人に美味しいランチをご馳走することもできます。

しかし、パンを持っていなければ、誰にもパンをあげることはできません。お金を持っていなければ、友人にランチをご馳走することはできません。

他者と対話するというのは、パンやお金をシェアするのとまったく同じです。

自分の頭に浮かんだアイデアや思いについて、質問を重ねていく。
自分が感じた心のモヤモヤをじっくり感じてみる。
自分の考えや気持ちに優しく寄り添う「自己との対話」を体験している人は、自分の大切な人にも同じように寄り添って対話ができるのです。

このようにお伝えすると、「私は自分とたくさん対話している。でも、他者と話すのは苦手だ」と、ご相談を受けることがあります。

こういうケースでお悩みの方には特徴があります。人は誰でも、独自の「対話パターン」を持っています。

「人と話すのは苦手だ」という方は、程度の差こそあれ「自分に厳しい対話パターン」を持っているケースが多いのです。

自分に厳しい対話パターンを持っていると、他者との対話において次のような感情を抱きます。

「相手に厳しいことを言ってしまい、嫌われてしまうかも……」

「なるべくオブラートに包んで話さなきゃ。けど面倒くさいなぁ……」

こうした思いが湧き起こり、他者と対話することに躊躇したり、話をすること自体が億劫になっていったりします（ここに挙げた例は、あくまでも「よくあるケース」です。対話パターンを解明するには、一人ずつ個別に見ていく必要があります）。

また、「**自分が持つ『対話パターン』に自分自身で気がつくのは難しい**」ことも知っておいてください。なぜなら、パターン化されている時点で、当人にとって対話の方法がごく自然なものとなっています。

そのため「自分に厳しくしている自覚」を持てないのです。その結果、自分と対話していても「他者との対話には苦手意識を感じる」という状態にハマってしまいます。

私もあなたも、1日を通して最も対話しているのは「自分自身」です。

私はこの本書を通じて、このメッセージを届けたいと思います。

「**まずは、自分としっかり話そう！**」

このメッセージはとてもシンプルなメッセージですが、対話の大原則に沿ったパワフルなメッセージです。

自分と対話した量と質が、そのまま他者との対話において力を発揮するのです。

人間関係に悩み続けていた私の過去

「協力関係」を築けないことの辛さ

私の肩書は、企業・ビジネスパーソンのための「コミュニケーションクリエイター」です（Ｔｗｉｔｔｅｒでは「対話の専門家」と名乗っています）。

肩書だけを見ると「元からコミュニケーションスキルが高いんでしょ？」と思われるかもしれません。実際にお会いした方から、このように言われることもあります。

しかし、事実はまったくの逆です。

私のコミュニケーションスキル、ひいては人間関係をつくっていくスキルは、幼い頃からかなり低いものでした。

なぜなら、日常会話がとても苦手だったからです。日常会話には明確な目的がありません。

「明確な目的のないコミュニケーション」は、人と人が仲良くいるための潤滑油的なコミュニケーションです。

これがイマイチよくわからず、いつも頭の中に「?」が浮かんでいたのです。

幼い私は「なぜ?」と浮かんだ問いの答えを知りたくて、好奇心が爆発していきます。そのため相手が大人でもお構いなしに質問攻めにしていました。メチャクチャ面倒くさい子どもだったのです。

そんな状態ですから、ずっと人間関係には悩み苦しんできました。

大人になる頃には、完全に「人間関係は面倒くさいもの」と思い込み、自分から人間関係を拒絶する癖ができあがっていました。

最初から「人間関係を持たないほうが楽」そう思い込んでいたのです。

「本当はわかりあいたい」

「一緒に楽しく過ごしたい」

たったこれだけのシンプルな想いを、子どもの頃につくりあげてしまったネガティブな思い込みでフタをしてしまっていました。その反動で、いまでは人とのつながりを感じられると、嬉しさで涙がこみ上げてくることもあります。

他者とうまく対話できない私は、10代の頃「なるべく人と関わらない仕事は何だろう？」と考えていました。同時に「創る」ことが好きだったので、いつも職人の仕事に憧れていました。

「パティシエってカッコイイなぁ」

「大工さんって渋いなぁ」

しかし、気づけば私は美容師になっていました。映画や音楽が好きで、洋服も好きという理由と、私が通っていたサロンのヘアデザイナーさんが無口でカッコ良かったことも大きく影響していると思います。

手を動かすクリエイティブな仕事の中で、最も人に関わる美容師になっていたのは、きっと心のどこかで人とのつながりを諦められていなかったのかもしれません。

美容師として社会人をスタートさせた私は、技術の習得に夢中になりました。朝も夜も休みの日も、ずっと一人でトレーニングをしていました。一人でトレーニングに没頭する時間は幸せな時間でした。

理由はもちろん、「人に関わらなくていいから」でした。さらに、一人の時間を過ごせば過ごすほど、技能は高まり、お客様に喜んでいただける。

「本当にいい仕事に恵まれた」と心の底から感じていました。しかし、それはあくまでも私とご来店されるお客様との間で感じられた幸せです。

当時私が働いていたお店には、20名以上のスタッフがいました。毎日先輩に呼び出されて叱られていましたし、同期にはとても嫌われていました。

当然ですよね、対話ができず協調性を発揮できていないのだから、これで嫌われないわけがありません。

しかし、仕事に対しては勉強熱心だった私は、「お客様に悪いことをしているわけではない。むしろ成果を上げている」と自負していました。

私は自分に良くしてくれる数名の上司以外、先輩や同期を完全に無視して働いていました。無視していたら、どんどん叱ってくれる人もいなくなってきました。私を残念な目で見るだけで、面倒くさがって注意しなくなっていったのです。

仕事で成果を上げていき、20代中盤には「店長」に、20代後半には3店舗の運営に責任を持つ「マネジャー」になっていました。売上をつくりながら、部下の育成もしなくてはいけない立場になったのです。

いま思えば、この時点で完全に心が壊れていました。

売上を上げ、利益を出すために必要な仕組みをつくり、全員に指示を出す。

指示を守らせるために、徹底的に人を管理しようとする。

対話のできない私の口からは「命令」しか出てきません。

当然、一緒に働く仲間からは笑顔がなくなっていきました。一時的に売上を上げることはできても、「仕事を楽しい！」と感じてもらうような環境を創造できない。だから、人がどんどん退社していく。そんな現状に押しつぶされていったのです。

気がつけば、河原の横をフラフラしながらこんなことを思っていました。

「なんで誰もわかってくれないんだ……もういっそ死んでしまいたい」

当時は、私自身からも笑顔がなくなり、いつも怒りに満ちていました。怒っているのはまだ元気な状態で、一人になった時は、死んだ魚のような目をしていました。

人間関係に疲れ、怒り、悲しんでいた私が、現在は全国のクライアントさんと毎日対話し、豊かな人間関係を育んでいます。

私をとりまく環境が激変していったのは、対話の方法があることを知り、実践の日々を送ってきたからです。

対話には「方程式」があった！

このスキルで、新卒離職率がゼロになる

「いっそのこと死んでしまいたい……」

そう思いながら過ごしていた日々の中でも、私はなんとか現状を変えたくてもがいていました。

「苦しい状況を脱したい」という一心から、さまざまな本を読んだり、セミナーに参加してみたり、ヒントが得られそうなことは何でもやってみました。

そのかいあって、「**コミュニケーションにはパターンがある**」とわかってきたのです。また、「**コミュニケーションのパターンが、人間関係をつくっている**」こともわかってきました。

その当時発見したパターンをわかりやすく説明するために、小暮さんと青田さんという二

人の人を例にご説明します。

【理論整然と話すべきと考える：小暮さん】

小暮さんは、いつも「**正しいことをわかりやすく伝えたい**」と考えています。

そんな小暮さんは、話をする時「**何から話すのか**」を大切にしています。

当然、ビジネスシーンでコミュニケーションをとる時の王道、「**結論から話す**」が徹底されています。ミーティングをする時も、プレゼンをする時も「**まずは結論を簡潔に述べる**」を大切にしているのです。

話している最中は、聞き手に「**きちんと意味が伝わっているのか？**」といつも気にしています。そのため、わりと「**淡々と説明するように話す**」のが特徴。

もし、聞き手に突っ込まれたならば、「**完全な論理で相手に答えることが使命**」だとも思っています。小暮さんの説明は、「社内でもわかりやすい！」と評判で、皆から頼りにされています。

しいて欠点を上げるとするなら、「**少し対話の相手を緊張させてしまうのと、共感してもらえていないように感じさせてしまう**」ことです。

【わかりあえるように話すべきと考える：青田さん】

青田さんは、いつも相手と「**気持ちを通じ合わせたい**」と願っています。

そんな青田さんは、相手に興味を持ってもらえるように、「**ストーリー仕立て**」で話を進めていきます。

ミーティングをする時も、プレゼンをする時も「**みんなの興味を引く**」ことを何よりも大切にします。

最も気になるのは、聞き手に「**自分の気持ちがしっかり伝わっているのか？**」という点。そのため、「**感情をたっぷり表現しながら話す**」のが特徴。

聞き手に突っ込まれたら、「**答えられないこともある。そんな時はニコッと笑ってしまえばなんとかなるもの**」と考えています。

青田さんは、社内でも「みんなに愛されている人物」です。しいて欠点を上げるとするなら、「**少し話が長いのと、具体的な解決策の提示がないこと**」です。

小暮さんの伝え方は「**解決**」**を促します**。

同時に「あの人は私の気持ちをわかってくれない」とか、「小暮さんだからできるんですよ」と言われてしまう問題があります。

青田さんの話し方は「共感」を集めます。

同時に「あの人に言っても話は聞いてくれるけど、どうにもならない」という問題が生まれます。

どちらの伝え方にも、メリット・デメリットがあるのです。

つまり、どちらか片方の伝え方だけでは、必ず問題が発生すると言えます。

私はこのコミュニケーションパターンを発見してから、上司や部下と対話をする時、毎日「解決」と「共感」を意識しながら対話を行いました。

その実践の日々をノートに記録しました。その結果を「対話の方程式」としてまとめました。

対話の方程式をまとめ、実践していった結果、新卒社員の離職率が50％の業界で、4年間離職者が出ませんでした。

その時、「**『人間関係』は、『対話』でできている！**」と身を持って実感したのです。

現在は「対話の方程式」を全国の経営者やビジネスパーソンに教えています。

人材育成の理論を知っていても、チームマネジメントの知識を持っていても、「対話」が機能していなければ、組織に変化を起こすことは不可能です。論理的に話す能力も、共感能力も個人差があります。

しかし「対話の方程式」は、その名の通り「方程式」です。数学で使う方程式は、誰が活用しても同じように答えを導けるからこそ、方程式ですよね。

「対話の方程式」も同じです。

一人でも多くの経営者やビジネスパーソンに「対話の方程式」を活用してもらい、ビジネスシーンに理解と共感、共鳴を生み出してもらいたいというのが、私の願いです。

対話は「自分自身の価値」を自覚する最高のツール

「自分自身・伝えたいこと・相手」を理解すること

あなたは「**自分自身の価値**」について、じっくり考えたことはありますか？
私は、仕事や人生について迷い悩んだのをきっかけに、自分自身の価値について日頃から考える習慣を持つようになりました。

自分自身の価値について、じっくり考える時間を持っている人は、まだまだ少ない気がしています。そして、考える人はとことん考え抜く、考えない人は一切考えないと、二極化しているようにも感じています。

私は、生きとし生けるすべてのものには価値があると考えています。
そして、**自分らしく豊かに生きていくためには、自分自身の価値について「自覚」するこ**

とが何よりも大切です。自覚してはじめて価値を最大化できます。

対話は、「自分自身の価値を自覚し、最大化させる最高のツール」です。

自分自身の価値を最大化させるためには、「自分自身」「伝えたいこと」「相手」と、それぞれに対して「理解」していく必要があります。それぞれのテーマを理解し、つなげていくのです。

つながりが育まれるほど、自分自身の価値は他者と共有され、最大化された状態になります。

パン屋さんのレジ横にあるPOP《ポップ》の文章を使って説明します。

〈小さいお子さんの親御様へ〉

子どもの頃からパンが大好き！

大人になったいまでは、つくるのも大好きなパン職人の田中です。

私には3歳の子どもがいます。

親になってこんな思いを抱くようになりました。

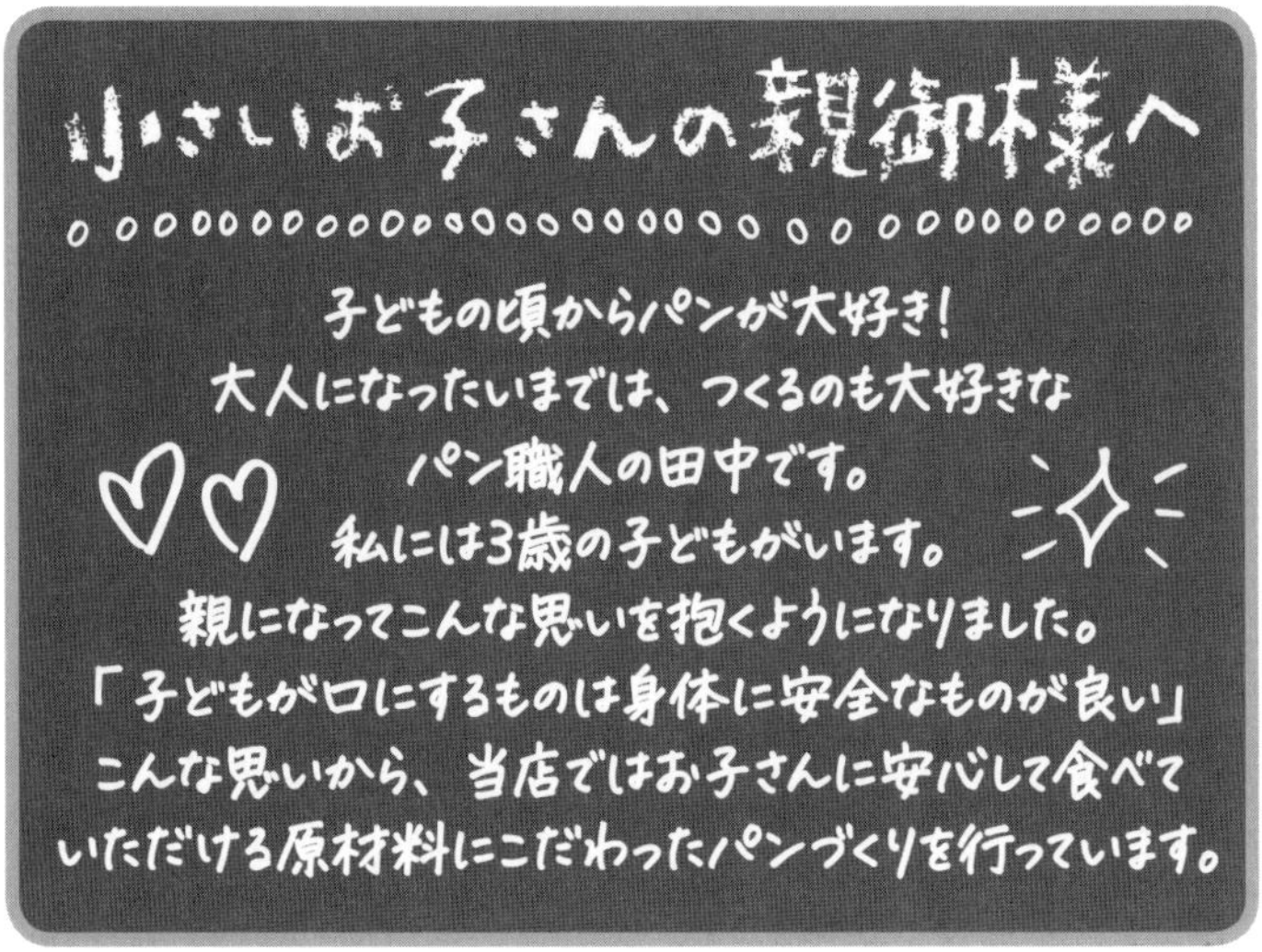
小さいお子さんの親御様へ
子どもの頃からパンが大好き!
大人になったいまでは、つくるのも大好きな
パン職人の田中です。
私には3歳の子どもがいます。
親になってこんな思いを抱くようになりました。
「子どもが口にするものは身体に安全なものが良い」
こんな思いから、当店ではお子さんに安心して食べて
いただける原材料にこだわったパンづくりを行っています。

「子どもが口にするものは身体に安全なものが良い」

こんな思いから、当店ではお子さんに安心して食べていただける原材料にこだわったパンづくりを行っています。

この文章を「自分」と「伝えたいこと」と「伝えたい相手」について分解してみます。

［**自分**］

子どもの頃からパンが大好き!

大人になったいまでは、パンをつくるのも大好きなパン職人の田中です。

私には3歳の子どもがいます。

親になってこんな思いを抱くようになり

ました。
「子どもが口にするものは身体に安全なものが良い」

［伝えたいこと］
当店ではお子さんに安心して食べていただける原材料にこだわったパンづくりを行っています。

［伝えたい相手］
小さいお子さんを持つ親御さん

この文章を書くためには「自分の思い」「パンづくり」「お子さんを持つ親御さんの気持ち」を理解していなくてはいけません。

いま、私は当たり前のことをお伝えしています。しかし、このように文章を分解してみると、何をどれくらい理解する必要があるのか、意識しやすくなったのではないでしょうか？
さらに言えば、**一つひとつをどれだけ理解していたとしても、「つながり」がそこになけれ**

ば、価値が最大化されることはありません。

大切なことなので何度も言います。

「対話」は、自分自身の価値を最大化させる最高のツールです。

しかも、お金のかからないコスパ最高のツールなのです。

自分自身との対話。

顧客との対話。

上司や部下との対話。

家族との対話。

パートナーとの対話。

相手やシーンに関係なく、自分自身のことや伝えたいこと、相手に対しての理解が、対話をすれば深まっていきます。これも「対話」の大きな魅力の一つです。

誰もが「思いっきり自分らしく生きる」時代

自分と対話して「納得感」のある選択は、本人を幸せにする

もし、現代を生きるすべての者が取り組まなくてはいけない課題があるとしたら、**「思いっきり自分らしく生きる」**ことではないでしょうか？

私が考える「思いっきり自分らしく生きる」とは、自分自身の考えや行いに「納得感」を味わいながら懸命に生きることです。

私が「思いっきり自分らしく生きる」ことが現代人にとっての課題だと感じている理由は、世の中がとてつもなく速いスピードで変化しているからです。

２０２０年から新型コロナウイルスによる影響で、これまではオンライン化に足踏みをしていた企業も一気にオンライン化を進めました。

予測のつかない出来事や、あっという間に進む技術革新。私たちの目には、数十年前とは比較にならないほどの情報が飛び込んでくる。私たちをとりまく環境は、目まぐるしく変化しています。

だからこそ、「**自分はこうやって生きていく！**」**という想いが明確でなければ、周囲の変化に飲み込まれてしまう**のです。

あなたは「思いっきり自分らしく生きている人」をイメージできますか？ ビジネスパーソンは憧れている経営者を思い浮かべるかもしれません。

人によっては、好きなアーティストを思い浮かべる方もいるでしょう。

SNSやYouTubeで活躍されるインフルエンサーを思い浮かべる方も多いのではないでしょうか？

あなたのイメージの中に「思いっきり自分らしく生きている人」が一人でも登場したなら、あなたも思いっきり自分らしく生きていいと思うのです。

思いっきり自分らしく生きるためには、有名になる必要もなければ、資格が必要なわけでもありません。ただ「思いっきり自分らしく生きる」と決めるだけでいいのです。

決めたら、あとは自分と対話しながら、自分の生きたい道を歩めばいいだけです。

「思いっきり自分らしく生きよう！」と発言すると、「それってワガママな生き方じゃない？」とか、「人に迷惑かける生き方はしたくない」といった声をもらうことがあります。

ある意味では、自分らしく生きるのは「ワガママな生き方」なのかもしれない。

人は生きているだけで、大なり小なり迷惑を撒き散らしているのかもしれない。

しかし、ワガママに生きるのも迷惑をかけるのも大した問題ではありません。

なぜなら、**自分と対話して「納得感」のある選択は本人を幸せにする**ものだから。

本人が幸せを感じられて、はじめて周囲の人にも幸福感を分け合うことができます。


インフルエンサーのマーケティング手法によって、「思いっきり自分らしく生きる」というのが、過激に表現されていることがあります。しかし、それらはあくまでもマーケティングやブランディング手法の一つ。


「思いっきり自分らしく生きる」と決めた結果、ある人は自宅の花壇にキレイな花を咲かせることに取り組むかもしれません。

ある人は、営業という仕事に誠心誠意取り組み出すかもしれません。またある人は、周囲の人に、ただただ感謝を告げてまわるかもしれません。

表現は、一人ひとりまったく違うものです。でも、「思いっきり自分らしく生きる」ために行うことは皆同じです。

自分の心に誠実に向き合い、自己との対話を繰り返していくしかないのです。

方程式を覚えれば、誰でも対話レベルは爆上がり

「理解と共感」の2軸を押さえる

たとえば2x＋1＝5のように、まだわかっていない数を文字で表した等式のことを方程式と言います。

対話もこの方程式で表すことができるのです。

つまり「わかりやすい！」と言われる説明の仕方には型があります。また、「それっ、すっごくわかる〜」と共感される伝え方にも型があります。

その型を式のように表したのが「対話の方程式」です。

ちなみに、普段のコミュニケーションにおいて、私たちは「**わかる**」**を二つの意味で活用しています**。

一つは、**相手の言っていることが**「**理解できる**」という意味で活用します。

たとえば、上司から部下への指示は、この「**わかりやすさ**」が求められますよね。

もう一つの意味は、「**同じ気持ちを感じるね**」という時に「わかる」と言います。

これは「**共感**」のことですね。

対話とは、「**理解と共感**」**という2軸で構成されているものです。**

対話レベルが高い人は、理解と共感という二つのポイントを押さえながら、伝えたり、話を聴いたりできる人のことを言います。

「コミュニケーションには、理解と共感が大切です」とお伝えすると、「お喋りになればいいのですか？」と言った質問をいただくことがあります。

「対話」ですから、話す必要はあります。しかし、お喋りキャラになる必要はありません。

良質な対話は、「**他者の意見に耳を傾け、自分の意見を誠実に伝える**」**ことが大切**なのです。

対話というのは、自分の「考え」と「気持ち」を伝えられるかどうかです。また、相手の考えと気持ちを汲み取れるか、これに尽きます。

対話の方程式を活用していくと、スムーズに対話が展開できるようになります。あなたも対話の方程式を覚え、対話力を爆上げしていってください。

専門家から学べば、最短で対話レベルがアップ！

対話実績2万人以上の実績から編み出したエッセンス

「部下にうまく仕事を教えられない」

「年上の部下に、なんて伝えたらいいのだろう？」

「夫婦で経営していて、話すと口論にしかならない」

「上司に意見を伝えたいけど、伝えられない」

よく、このような相談を受けます。


私自身、子どもの頃からコミュニケーションに悩まされてきました。そして、悩みの原因を一つずつ分析し、実際に試してみるといった、トライ・アンド・エラーを数えられないくらい繰り返してきたのです。

正直、膨大な時間がかかりました。しかし、あなたは私と同じような時間をかける必要はありません。

忙しいあなたにお勧めの方法があります。専門家からエッセンスを学び、最短最速で対話レベルを上げてしまうことです。

身体を美しくしたいなら、専属トレーナーをつけ、トレーニングするのが最もスピーディーで確実ですよね。

より良い人間関係を手にしたいのであれば、同じように専門家からレクチャーを受けるのが最も効果的です。

あなたも私と同じように、「対話」について学校では教わっていないはずです。ましてや仲間をサポートする「リーダーのための対話方法」なんて教わったことはないですよね？

ほとんどの人は、「我流のコミュニケーションスキル」で苦しんでいます。だからこそ、**2万人以上の方と対話して編み出された方程式を活用すれば、「対話」の本質をスピーディーに自分のものにできます**。その結果、仲間に尊敬され、愛されます。

しかし、それ以上に素晴らしい恩恵があります。

自分自身について、いまよりさらに深い理解を得ることができます。

そして、仲間を信頼し、大切に想えるようになるのです。

本書では、「リーダーが仲間と協力関係を築くための対話のエッセンス」をみっちりお伝えします。

それでは、具体的な方法を第2章で解説していきます。

第2章

望んだ人間関係がつくれる「対話の方程式」

「相手を理解できる！」

「自分を理解してもらえる！」

が増える

「対話」に特別な才能は必要ない！必要なのは意欲だけ

「わかってもらいたい。わかりたい」という意欲を大切にしよう

対話に特別な才能は必要ありません。

自分のことを「わかってもらいたい」、相手のことを「わかりたい」という二つの意欲が必要なだけです。

なぜ、この二つの意欲が必要なのか？　それは、この「**意欲こそが人と人をつなげる糸のようなもの**」だからです。

リーダーの中には、自分のことを「わかってもらいたい」という欲求を押し殺して、部下の思いを「わかってあげなきゃ」とプレッシャーを感じている方も少なくありません。

しかし、自分のことを「わかってもらいたい」と、相手のことを「わかりたい」という意欲は、どちらも等しく大切なものです。と同時に、そのバランスも大切になってきます。**リーダーにとっての理想のバランスは1対1です。**

バランスが崩れている例を二つ紹介します。

【わかってもらいたい＞わかってあげたい】

「わかってもらいたい」にウエイトが傾き過ぎているケースでは、次のような状態になります。

まず、**リーダーは自分の主張ばかりを通す**ようになります。

対話において常に自分の意見が優先され、何かを決定する時も「力技」で決めていくことが多くなる。

当然、力技でモノゴトを決めていると、その反動で仲間から反発されることも多くなります。

このような状態が続くと、**次第に仲間の心は離れていきます。**最後にはリーダーの元を去っていくでしょう。

【わかってもらいたい＜わかってあげたい】

「わかってあげたい」にウエイトが傾き過ぎているケースでは、次のような状態になります。**相手の意見を受け入れ過ぎて、リーダー自身がそもそも何を望んでいるのかわからなくなる。**

リーダーがこうなってしまうと、部下の意見が割れた時に決断することが困難に感じます。当然リーダーシップを発揮しているとは言えません。

また、**この状況にいるリーダーは、部下に「振り回されているような感覚」を覚え、ストレスを感じます。**

「わかってあげたい」に傾き過ぎると、リーダー自身が混乱していきます。

ワークショップなどで「対話においての意欲を1対1で持ちましょう」というお話をすると、「それはあまりにも理想主義じゃないですか？」と言われることがあります。

たしかに、自分のことを「わかってもらいたい」、相手のことを「わかりたい」という二つの意欲がすべての場面で1対1のバランスになることは難しいものです。

しかし、最も重要なのは「1対1になっている」という結果ではありません。**理想のバランスを「目指す」ことに意味があるのです**。目指さなければ、対等性のある対話は成立しません。

「わかってもらいたい」、「わかりたい」というのは、人が持つ根源的な欲求です。この欲求こそが、人と人がつながりを育む欲求です。その欲求を素直に発揮していきましょう。

対話の目的は「一緒だね！」を増やすこと

理解と共感を発見し、受け入れていくために

どんな対話にも「目的」があります。

部下との対話なら仕事を教える、報告を聞いて次の指示を出す、未来のビジョンを語るなど。

顧客との間では、成約につながる営業トークや契約条件を変更するなどがあり、その時どきで対話する目的は異なります。

対話の目的は自分の置かれている立場や状況などで、そのつど違うものです。

目的が違えば、対話の展開も異なります。

しかし、本質的には対話の目的はたった一つ。

「理解」と「共感」をお互いの中に生み出し、「一緒だね」と感じあえるようにすること。

まずはこの本質的な目的を理解してください。そして、テーマごとに目的を明確にしているかどうかで対話の質が大きく変わります。

対話の目的を明確にすべき理由

どんなことも、「ゴール」がなければどこに向かえばいいのかわかりません。

対話にもゴール設定が必要です。

しかし対話を難しく感じている人ほど、ゴール設定をせずに対話を始めてしまう人が意外と多いものです。

そのため、「自分がなんのために話していたのか、途中でわからなくなってしまった」とか、「相手に必要な質問ができず、ただの世間話で終わってしまった」などという状況もしばしば見受けられます。

対話において迷子にならないためにも、ゴールをしっかり設定しましょう。

そして、常に目指すべき最終ゴールは、「一緒だね」と感じあうことだと意識していきましょう。

「一緒だね」は、「理解」と「共感」で構成されています。

「同じ考えだね」が理解。

「同じ気持ちだね」が共感です。

「理解」と「共感」を対話している相手との間に発見し受け入れていくことこそ、対話の目的です。

ちなみに、「一緒だね」と想えることが発見された時、一見するとネガティブな答えが見つかることもあります。

そのよくある例が、「お互いに離れたほうがいいね」などのケースです。仕事場では「離職」に該当しますね。

このような一見理想とは違う答えが見つかったとしても、戸惑う必要はありません。充分な対話をし、お互いスッキリした気持ちの中で出た答えは、決してネガティブなものではないからです。

対話をせずに、自分の理想を相手に押しつけるほうがよほどネガティブな行いです。

対話を実践していくと、想像していた答えと違うところに行き着くこともあります。そんな時、戸惑いを感じるのはごく自然なことです。

しかし、その戸惑いを感じるのは、自分だけでは発見できなかった答えを発見した証し。言い換えれば、対話したからこそ知ることのできた答えがそこにあるということです。

対話した相手との間に発見された答えを、自分のペースで受け入れていきましょう。

対話の目的は、「理解」と「共感」をお互いの中に生み出し、「一緒だね」と感じあうことです。

もし、対話した二人が「理解はできるけど、同じ気持ちにはならない」と感じたなら、それも「一緒だね」のカタチの一つです。ぜひ、理解と共感にフォーカスして、対話を実践していきましょう。

リーダーは、常に「自己との対話」に取り組もう

自分を知ることで、はじめて他者を理解できる

第1章でお伝えした、対話の大原則を覚えていますか？

自己との対話の量と質が、他者との対話のクオリティに完全に比例しているというものでしたね。

リーダーシップを発揮していく必要のある人は、まず「自己との対話」に取り組む必要性があります。

なぜ、リーダーは「自己との対話」に取り組まなくてはいけないのか？　あらためて理由をお伝えしていきます。

リーダーには仲間のこと、仕事の内容、その時どきの状況など、あらゆることに対して理

解が求められます。なぜなら、**リーダーのすべきことの最重要項目が「決断」**だからです。

決断しないリーダーは、リーダーとは言えません。

どんな仕事であれ、進めるのか、停止するのか、終了するのか？　決断しなくてはいけないのです。リーダーは常に決断する場所に身を置いています。

決断するために、何よりも理解しておかないといけないのが、「自分」という人間についてです。

私たちは「自分」というフィルターを通して、さまざまなモノゴトを認識しています。

・自分が何を考えているのか？
・自分が何を求めているのか？
・自分が何を必要としていないのか？
・自分が何を怖れているのか？
・自分は何を楽しいと感じているのか？

自分自身のことを深く理解する方法、それが「自己との対話」です。

イングランドの古いことわざに このような言葉があります。

「己を知る者は賢者である」（ジェフリー・チョーサー Geoffrey Chaucer イングランドの詩人　１３４３～１４００）

この名言を逆から考えると、「自分のことを知らないものは愚者」だと捉えることができます。

この名言に私自身のことを照らし合わせて考えてみると、20代の私は、いま（40代）の私より確実に愚かだったと感じます。それは、自分自身のことを理解していなかったから。もっと言えば、「知る意欲が乏しかったことが愚かだった」と思う理由です。

その愚かさは、部下との対話にも影響していました。相手の理解度に合わせて伝えられていなかったので、部下と話した後には「こんなこともわからないのか！」なんてイライラしがちでした。

いま思えば、相手の理解力が足らなかったのではありません。

「部下に、自分の言葉や立ち居振る舞いが与える影響を考慮できていなかった私がいた」のです。

私の話を聞いた部下が何を考え、どんな気持ちになるのか？

想像力が足りていなかったのです。私はただ、自分の伝えたい内容にのみフォーカスして話していただけなのです。

しかし、40代になったいまは、自分が他者に与える印象を20代の頃よりは自覚しています。また、伝えた内容を相手がどのように感じているのか、少しは想像できるようになりました。

そのため、20代の頃と同じような問題で悩むことはありません。もちろん「いまが完璧だ」と言いたいわけではありません。

お伝えしたいのは、「自分」という存在は、常に変化している深淵な存在だということ。そして、自己理解に対する取り組み、つまりは自己との対話は一生続くものだと言うことです。

リーダーは、常に「自己との対話」に取り組まなくてはいけません。

自分自身を知ることが、他者に対する理解に比例し、他者に対する貢献を決めるのです。自分のことをわかっていない人が、仲間や組織、ひいては世の中に役立つ仕事をするのは難しいでしょう。

「自分を知る」というテーマにおいて、数えられないくらい素晴らしいテクニックが世の中には存在しています。

しかし知識を学びテクニックを知ったとしても、本質的なことは、体験を通して学びます。自らの体験を消化し、成長の糧にしていくために「自己との対話」は必須と言えます。

それでは、「自己との対話の方程式」を3つのステップで紹介していきます。

対話の方程式

行動＝思考×感情

行動は、考えたことと、その考えていることに対して
感じている気持ちが組み合わさったものである

自己との対話の方程式・ステップ❶
「行動」を観察する

「自分を知る」ために最初に取り組むことは、**「行動を観察する」**です。

対話と聞くと「何を話すか？」や「どのように話を聞くか？」に意識がいきます。しかし、何よりも大切なのは、**自分がどのような「行動」をとっているのか**を知ることです。

行動というのは、「思考」と「感情」が生み出したものだからです。

そのため自分の選択している「行動」は、自分の考えや気持ち、そのすべてを物語っているのです。

たとえば、釣りを趣味としている人は、釣りのことを考えているだけで楽しい気分になります。楽しい気分になると、釣りに行くのが楽しみでしかたなくなり、準備を始めます。そしてワクワクしながら実際に釣り場へ向かうのです。

どんなことでも、一定の時間、そのことについて考えていると感情が湧き起こってきます。

ネガティブなことを考えていると、必ず嫌な気持ちになります。

たとえば、翌週に部下（Aさん）との面談が控えている上司がいたとしましょう。Aさんは面談で、いつも会社に対する不平不満や同僚についての文句ばかり言っています。

そんなAさんとの面談を思い浮かべるだけで、嫌な気分になります。そして、「面談したくないなぁ」という考えが頭の中を駆け巡る。

その結果、当日Aさんと話していても、早く切り上げたい一心で面談を速やかに終わらせるような行動を選択します。

ワクワクする行動も後ろ向きの行動も、100%思考と感情の産物なのです。

思考も感情も目では確認しにくいものですが、必ず最後は行動となり目視できるようになります。

「対話」において、まず一番着目すべきは「行動」です。

行動に対して客観性を持つと、自分から発せられる言葉に敏感になります。と同時に他者の言葉に対しても、本音を語っているのか、表面的なことを言っているのか？　直感的に理解できるようになります。つまり、観察力を上げると、自然と対話力も高まるのです。

対話の方程式

行動＝思考×感情

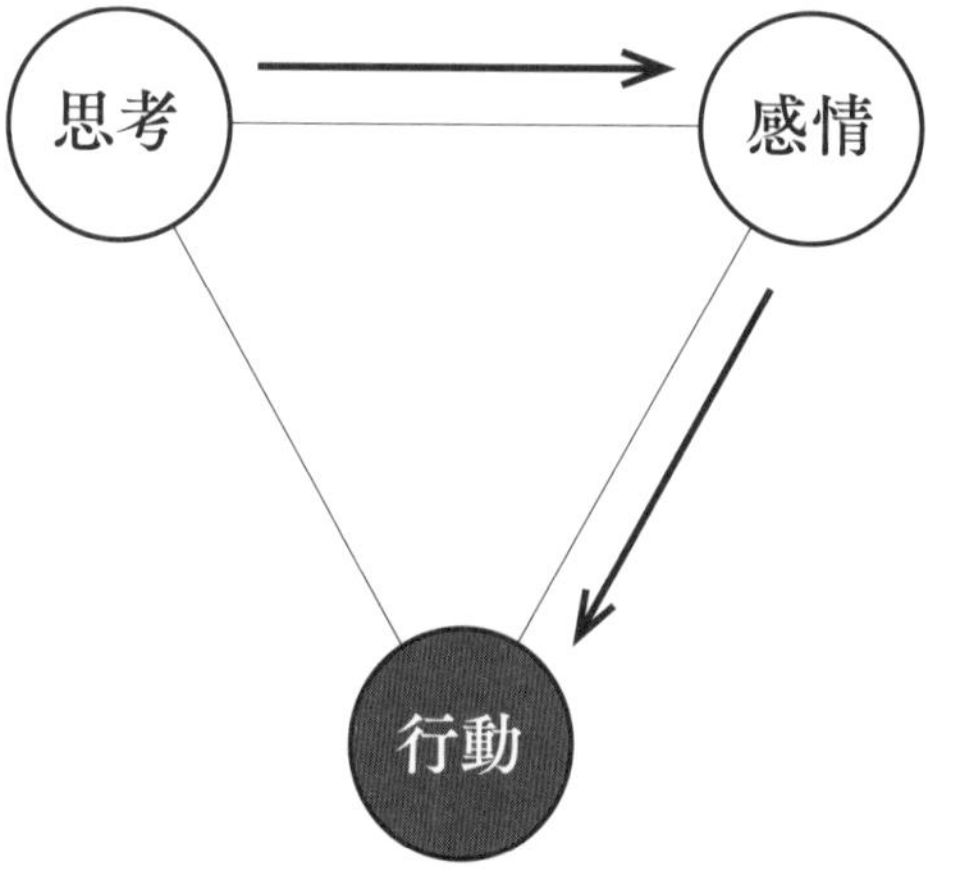

ステップ❶まとめ

- □「自分を知る」ために最初に取り組むことは、「行動を観察する」こと
- □ ワクワクする行動も後ろ向きの行動も、100%思考と感情の産物
- □ 観察力を上げると、自然と対話力も高まる

自己との対話の方程式・ステップ❷「感情」を感じきる

自分自身を理解するためには、自分の「感情」を感じきる必要があります。

「感情を感じきる」とは喜びの気持ちであれ、悲しみの気持ちであれ、自分の中で充分に**「気持ちを味わう」**ことを言います。

要は、嬉しい時は嬉しさを心いっぱい嚙みしめる、悲しい時はその悲しさにしっかり浸ることを言います。

次のような理由から、感情を感じきることが大切です。

「気持ち」は、自分が「どんな考えを持っているのか」を教えてくれる。

楽しい気持ちを感じている時、私たちは必ずポジティブなことを考えています。

不安や怖れの気持ちを感じている時、私たちは必ずネガティブなことを考えています。

たとえば、大事な新商品のプレゼンを予定している長谷川さんと南さんの二人がいたとします。

長谷川さんは「やっと、新商品のことを知ってもらえる！」と考えています。そして、プレゼンの機会を与えてもらえたことに感謝の気持ちを抱いています。

南さんは「緊張する。もし、失敗したらすべてが水の泡だ……」と考えています。そして、とても不安な気持ちを抱いています。

長谷川さん、南さんの例のように同じ状況でも、**考えていることによって感じている気持ちはまったく違うものになります**。

さらに、感情について詳しく説明しましょう。

「愛」や「感謝」の気持ちを感じている時、私たちの心は最も軽くなります。

「罪悪感」や「無価値感」といった気持ちを感じている時、私たちの心はとても重たくなります。

感謝は心が軽くなり、罪悪感は心を重くする。

感謝から無価値感まで感情はグラデーションになっています。そのグラデーションの中で私たちはさまざまな感情を感じています。

たとえば、行動を起こす前から、「自信がないからできない」「自分にはムリ」と決めつけ、諦めている人がいます。

このような人は、大なり小なり「無価値感」を感じているのです。つまり、自分の存在価値を認められない思考を持っています。

自分の存在価値について考える習慣がないとも言えます。むしろ、自分のダメなところや至らないところについて、長い時間考えているのが特徴です。

このように、自分が感じている「気持ち」はいつも寸分の狂いなく、自分の考えていることを教えてくれています。

ビジネスパーソンに「気持ちをしっかり感じましょう」とお話しすると、「ビジネスに感情はいらないですよね？」と言われることがあります。

このような意見に対して、私はいつも次のように説明をさせてもらっています。

「ビジネスこそ『感情』がすべてです。お客様の気持ち、仲間の気持ち、自分自身の気持ち、気持ちが動くその瞬間に利益が生まれます。だから感情は大切です。ただし、決して感情に振り回されてはいけません」

「感情」を感じきるのと、振り回されてしまうのは似て非なるものです。

しかし混同している方は少なくありません。感情に振り回されてしまう人こそ、自分の気持ちを静かに感じきるトレーニングが必要です。

自分のことを理解するためには、「感情を感じきる」というのは必須項目です。

自分の気持ちの変化に敏感になればなるほど、他者の気持ちも感じ取れるようになります。ひいては、リーダーとしてチーム全体の感情の動きを敏感に察知し、流れの中で最適な選択をしていけるようになります。

感情は、ずっと同じ、ずっと一定などということはありません。1日の中でも、いや10分の中でも起伏のあるものです。

私は常々「感情」は、自分の考えていることに対して信号機のような役割を担っていると感じています。

〈青信号〉考えていることは自分にとって前向き

〈黄色信号〉　考えをじっくり整理する必要がある

〈赤信号〉　自分らしくない考えをしている

その時どきで自分の「感情」をしっかり感じると自己理解が深まり、対話力が上がっていきます。ぜひ、自分の「感情」を大切に扱ってください。

対話の方程式

行動＝思考×感情

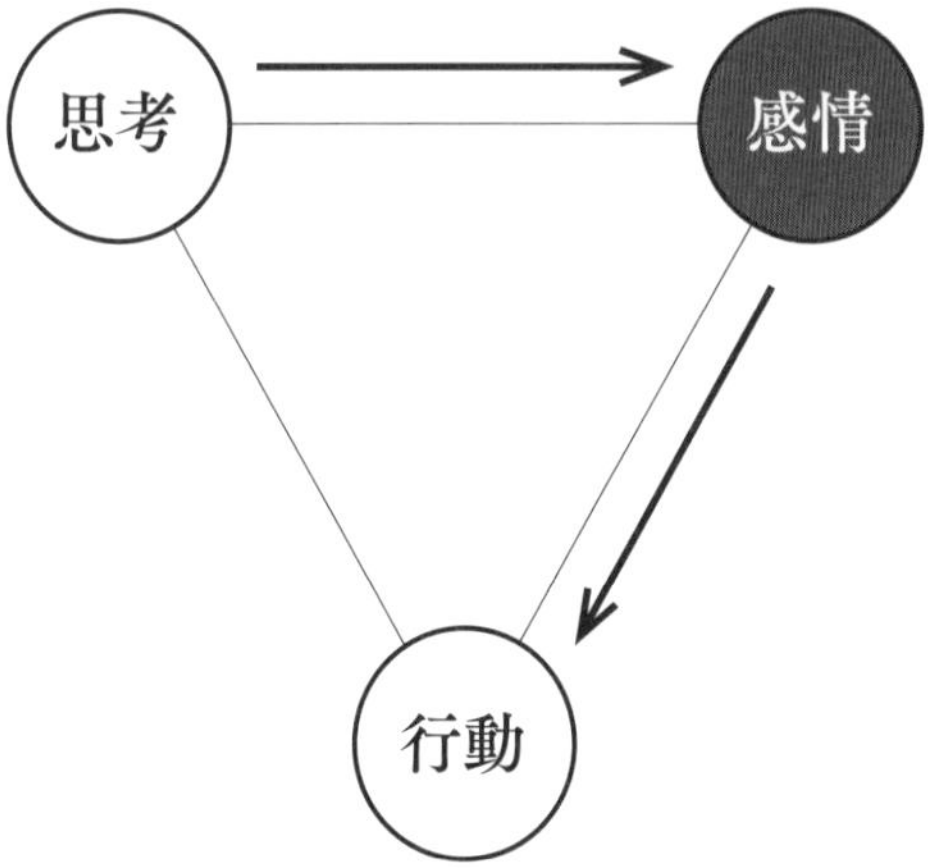

ステップ❷まとめ

□「気持ち」は、自分が「どんな考えを持っているのか？」を教えてくれる

□ 考えていることによって、感じている気持ちはまったく違うものになる

□ 感情は、考えていることに対する信号機のような役割

自己との対話の方程式・ステップ❸
「思考」をキャッチする

私たち人間は「思考」する動物であり、**思考することによって一日を創造している**と言っても過言ではありません。

現在では、心理学やスピリチュアルから自己啓発と、さまざまな分野で言われていることです。

私の体験を一つ例に説明します。ある朝のこと、私は起きてクリーニング店に出していたジャケットを取りに行こうと思いました。

クリーニング店のすぐ先にはハンバーガーショップがあります。そのことを思い出した私は、気がついたらそのお店のハンバーガーを食べたくなっていました。

脳内でハンバーガーをイメージすればするほど食べたくなり、気がついたらクリーニング店に行くよりも、ハンバーガーショップに行きたくなっていました。

そして、実際クリーニング店に行った帰り、ハンバーガーショップに立ち寄り、ハンバーガーを頬張っていたのです。

頭の中に浮かんだ「ハンバーガーを食べたい」という思考が私の行動を生み出し、現実を創造していたのです。

このようにお伝えすると、たとえば「職場で意地悪されているのも自分の思考のせいですか？」とか、「困った部下がいる。その部下の行動も自分の思考が生み出しているの？」と反論されることもあります。

「職場で意地悪されている」

この場合は、加害者と被害者というように立場を分けることができます。

私は、意地悪している人を擁護するつもりは一切ありません。しかし、どんな理由があるにせよ、その職場に行くことを選択しているのは、自分の思考が元になっているはずです。

このようなケースにおいて「そんなひどい職場なら辞めたほうがいいのではないですか？」とお伝えすると、「長年働いてきたから」とか「いまさら転職は難しい」といった返答が多いのです。

「意地悪されても、なおその職場にいるべき」という思考が言葉となり、その思考が「意地悪に甘んじて仕事を続ける」という行動を生み出しています。

「困った部下がいる。その部下の行動も自分の思考が生み出しているの？」という疑問にもお同じようにお答えすることができます。

部下の行動を見て「困った」と感じているのは、まぎれもなく自分です。

部下の行動は部下の思考が元となっています。しかし、部下と関わることによって「困っている」と感じているのは自分であり、そこには自分の思考が存在しているのです。

私たち人間は、朝起きてから夜眠るまで、いろいろなことをアレコレ考えています。

人生を大きく変化させるような重要なことについて考えていることもあれば、コンビニで「どのアイスにしようかなぁ？」といった他愛もないことについて思考することもあります。

ポジティブなものから、ネガティブなものまでさまざまなことを思考しているのです。

「自分自身を知る」とは、「自分の考えを知る」ことです。

さらに言えば、自分独自の「モノの見方」を知ることとも言えます。

対話の方程式

行動＝思考×感情

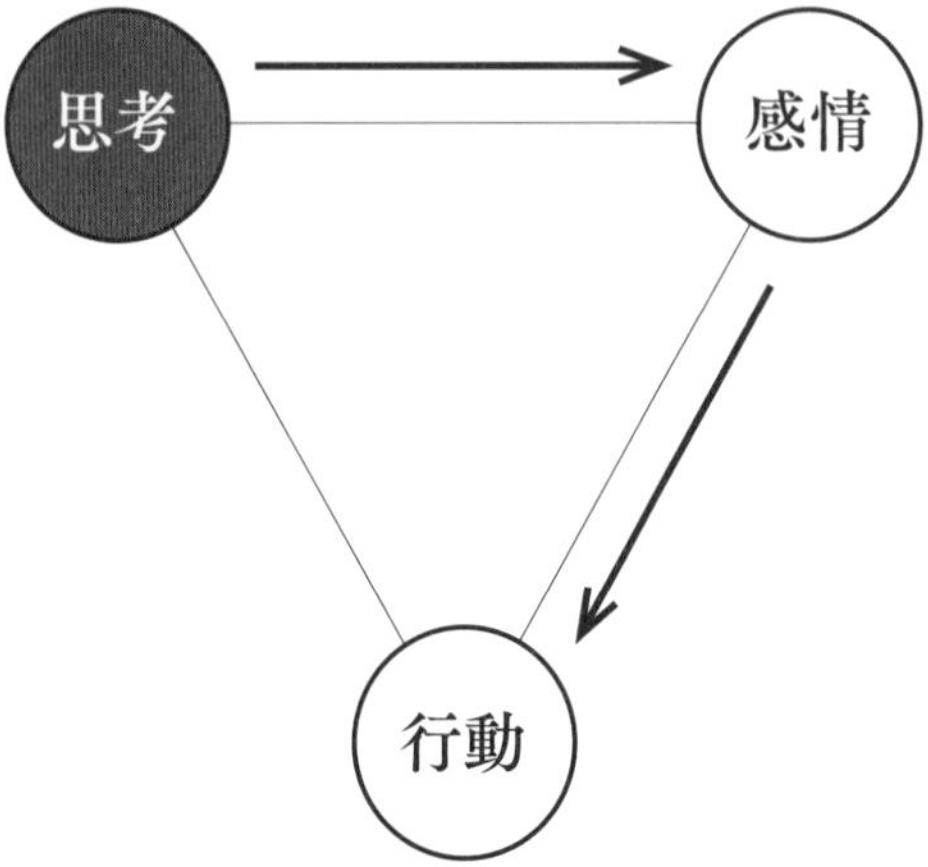

ステップ❸まとめ

□ 思考することによって、一日を創造している

□「自分自身を知る」とは、「自分の考えを知る」こと

まずは3週間取り組もう

基本を身につけるまでは焦らず、淡々と

「しっかりと対話できるようになりたい！」

「仲間としっかり話し合えるようになりたい」

最初はそう意気込んでも、実際は「なかなかスキルが身につかない」ことがあります。

私は過去に、何度も新しいスキル習得に挫折した経験があります。

あなたにもこんな経験があるかもしれません。

「新しいスキルを習得しようと思い、気合いを入れたのに、気がついたらそのこと自体を忘れてしまっていた」

この本でお伝えしている、思考・感情・行動に向き合う習慣がつくられたら、必ず対話レベルは上がります。

しかし、どんなスキル習得にも言えることですが、**基本を一定期間反復しなければ、習得できない**のです。

そこで、いつも私が新しいスキルを習得するために、実践している方法を提案します。

まずは想像してみてください。

自分の考えていることや感じている気持ちが、周囲の人にいまよりもっと伝わったら「自分をとりまく人間関係がどれだけ変わるのか？」。

この問いに対するイメージが明確なほど、対話についての学習意欲が高まり、学習を継続することが楽になります。

「継続が楽になる」と聞くと、対話の方程式を習得するのが大変なことのように感じるかもしれません。

しかし、ご安心ください。たった3週間、継続すればいいだけです。

基本を身につけるため、とくに最初の3週間を丁寧にすごすことです。

この点を意識しておくと、後の成長スピードが変わります。

また、3週間と期間を区切ることで、やるべきことに淡々と向き合えます。

具体的には、**カレンダーに3週間分のTo-doを最初に書き込んでしまうだけ**という、とても簡単なことなのですが、これが非常に有効的なのです。

この行動のポイントは、**未来を想像し、その未来に沿った行動を選択していく**点です。

「対話の方法」を知っても、身につかない理由は、学習を継続できないからです。

継続できない理由は、時間の経過と共に「動機」が薄れるからです。

そこでまずは、**「動機」を明確にします。**

動機を明確にしたら「行動」を明確にし、あとはリラックスしてただ決めたことを実行していくことです。

この**「リラックスして」というマインド設定は、とても重要**です。

気合いが入り過ぎていると、決めたことに取り組めなかった時に自分を責めてしまう方がいます。また、成果に対する期待が膨らみ過ぎて、スキル習得を遅らせてしまうケースも見られます。

決めたことを淡々とこなしていくという感覚を大切にしてください。

考えていること、感じている気持ち、そこから生まれた行動に3週間向き合い続けることができれば、「自己との対話」の土台が完成していきます。

この土台があってこそ、部下や仲間、家族との対話の質が向上していきます。

それでは、さらに具体的でかつ、誰でも簡単にできる「7つのポイント」を紹介していきましょう。

自己との対話ポイント❶第一優先は「時間」を確保する

「自己との対話」に絶対的に必要なもの、それは「**時間**」です。

一人になって集中できる時間や、リラックスできる時間を確保しましょう。外部からの刺激を少なくすることによって、自分の考えや気持ちに気がつきやすくなります。

しかし、この「時間を確保する」というのは、人によっては最も困難に感じることかもしれません。

しかし、安心してください。

最初は5分でもいい。むしろ1分でも充分です。

最初から「時間を確保しなければ」と力むより、「これくらいなら大丈夫！」と安心できる感覚で時間を確保することが大切です。

1分間を使って、「**いま、私はどんな気持ち？**」と自分自身に聞いてあげる。

「**いま、私は何を考えている？**」と自分自身に聞いてあげる。

これだけで充分です。

その質問に対する答えが、「わからない」でも問題ありません。

自分に静かに問いかける習慣をゆっくりつくっていくことが大切です。

自己との対話に、努力は必要ありません。努力のかわりに「自分と話す」という選択を、意識的に行っていきましょう。

対話は、獲得するものではありません。自分自身が本来備えている能力を引き出していくことによって、**できるようになる**ものです。

ぜひ、対話のための1分間を自分にプレゼントしましょう。

自己との対話ポイント❷リラックスできる「場所」を探す

「自己との対話」には、時間の確保と同様に「**場所**」選びも重要なポイントです。

慣れてしまえば、どこでも瞬時に自分との対話を行うことが可能です。しかし、慣れるまでは、「リラックスできる場所」を確保しておくことをお勧めします。

そこに行けば、「**リラックスして、自分と対話しやすい**」と感じられる場所を、できれば複数見つけておきましょう。

私のお気に入りは、車中や出張先のホテルの部屋など、誰もいない場所です。また、静かなカフェなどもお気に入りの場所の一つです。

しかし、集中しやすいと感じる場所は人によって違います。

たとえば「ファミレスのようなさまざまな音のある場所が集中しやすい」と感じる方もいれば、「誰もいない静かな場所が集中しやすい」という方もいます。楽しみながら、自分好みの場所を探してみてください。

リラックスできる環境は人によって違いますが、**リラックスできる場所だと自分の本音にアクセスしやすい**のはみんな同じです。

私たちは、知らずしらずのうちに外部から刺激を受けています。その刺激によって自動的に考えが発生し、なんらかの気持ちを感じています。

さまざまな場所で「**いま私はどんな気持ちを感じている?**」と、自問してみましょう。自分の気持ちを感じやすい場所が、あなたにとってリラックスしやすい場所です。

自己との対話ポイント❸考えや気持ちを「書く」習慣をつける

書くというアウトプット。古典的な方法ですが、その効果の程は計り知れません。

頭に浮かんできた「考え」や感じている「気持ち」を書いてください。

具体的には「箇条書き」がお勧めです。

・部下にきつい言い方をしてしまった
・その時、怒りを感じていた
・時間が経ってきて後悔を感じている

といった具合に、自分の頭の中に浮かんだ言葉を書き出しましょう。

書くという行為は、思考を整理整頓するために最も有効的な方法です。

自分の思いを書き出していくと、たくさんの気づきがあります。思考パターンを理解できるのはもちろん、感情的に落ち込むパターンなどもわかってきます。

では、何にどのように書けばいいのでしょう？　ノートに手書きがいいのか？　それともパソコンやスマホに書くのがいいのか？

正直、**書く方法は何でもいい**でしょう。書かないよりはどんな方法であれ、書くほうが絶対にいい。だから、方法論にとらわれ過ぎるのは良くないと考えています。

しかし私は、じっくり向き合う時ほど「ノートに手書きで書く」癖があります。これは単純に私の癖であり、なんとなくそっちのほうがしっくりくるという感覚的なものです。

ぜひ、自分が最もしっくりくる方法を見つけてください。

ちなみに、書き出す時に大切にすべきことは、「**ネガティブなことやひどい考えでも、誠実に書き出す**」ことです。

アウトプットすることによって、その考えを持ち続けるのか？　それとも手放すのか？　選択が可能になるので、必ず自分の想いに誠実に書き出しましょう。

自己との対話ポイント❹事実と価値判断を分ける

「自分に向き合う！」と誓っても、すぐに断念してしまう人がいます。私も自分に向き合うことが辛くて、逃げまくっていた過去があるので、この気持ちはとてもわかります。

「自己との対話は辛い」

そう思うのには理由があります。その理由とは、自分の「考え」や「事実」に対して、無意識のうちに価値判断を下しているからです。

価値判断について簡単に説明します。

たとえば、仕事上の目標で「月間売上目標」を掲げていたとします。目標は500万円。実際の達成額は450万円。これが事実。

この事実に対して、「まずまずだ」とか「まったくダメだ」といった具合に、私たちは無意識のうちに価値判断します。

自分自身に厳しい価値判断をしているとどうなるのか？

いつも自分を責めている状態になります。すると、自己との対話が辛くなります。**いつも自分のことを責めてくる他人と話したいとは思いませんよね？**

それは自分自身に対しても同じことが言えます。

自分が下しているあらゆる価値判断に気がつくこと。

そして、必要ならば手放す選択をすること。それが自己との対話を行う目的とも言えます。

この例で言えば、月間売上500万円を達成するために「何をどうしたらいいのか？」と前向きな対話が必要なだけです。

しかし、なかには達成しなかった自分に「ダメな人間」と価値判断をし、「許せない！」と責めてしまう人がいるのです。

このようなときは次のように書き出してみましょう。

事実　↑　自分に対しての価値判断

「事実」と「自分に対する価値判断」を分けるトレーニングをするのです。

自己との対話に苦しさを感じている人は、**事実と価値判断が癒着している状態**になっています。事実と価値判断を分けられるようになると、自分を責めていることに気がつきやすくなります。

気がつくことによって「責めるのをやめる」という選択ができるようになります。

この選択ができるようになると、自分にも他者にもきつく責めることをしなくなるので、とても心が楽になります。

自己との対話ポイント❺人には「得意な感情、苦手な感情」があることを知る

人には、それぞれ「感じやすい気持ち」と「感じにくい気持ち」があります。

ある人は、ポジティブな気持ちを感じやすい。

ある人は、ネガティブな気持ちを感じやすい。


なぜこのようなことが起こるのでしょう？

理由はいたってシンプルです。人それぞれ生きてきた分だけ培った「思考パターン」が存在するからです。

「いつも考えていること」によって、「いつも感じている気持ち」というものができあがります。

「いつも感じている気持ち」ができあがっていくと同時に、「あまり感じることのない気持ち」もできあがっていきます。


「いつも」とは、つまり「慣れ」のことです。

「慣れ」とは、私たちに居心地の良さを感じさせるもの。

たとえば、こんな経験のある方も少なくないのではないでしょうか？

海外旅行に行き、とても楽しんだ。それでも家についた途端、ホッとして「やっぱり家が一番落ち着く」と声が漏れていた。

海外旅行は、「慣れている」日常の外側にある体験。だからこそ刺激があって楽しいのです。「慣れ」とは、良い悪いに関係なく、私たちに「そこが一番いい場所。自分のベストポジションだ！」と感じさせる力があります。

そのため、いつもネガティブな気持ちを感じている人が、急にポジティブな気持ちを感じると、「なんか調子に乗っているような気がする」と考え、自らネガティブな感情を求めてしまう。

ポジティブな気持ちを感じやすい人は、ネガティブな気持ちを察知するトレーニング、ネガティブな気持ちを感じやすい人は、ポジティブな気持ちを察知するトレーニングが必要と言えます。

どんな感情であれ、自分の中に存在していることを認めることで、ポジティブでもネガティブでもなく、ニュートラルな感情に自分を持っていけるようになり、他者との対話を自然に展開できるようになります。

自己との対話ポイント❻モノゴトの見方を発見する

私たちは、あらゆるモノゴトについてそれぞれ独自の「**見方**」をしています。

たとえば、訪問した先でコーヒーを出していただいたとします。

コーヒーを「好きなもの」と見ている人は「嬉しい！」と感じる。

コーヒーを「苦手なもの」または「嫌いなもの」と見ている人は「嫌だな」と感じる。

自分にとってコーヒーをどのようなモノとして見ているかで、考えることや感じる気持ちは異なります。

これは何もコーヒーだけに限った話ではありません。ありとあらゆる人や物、事象について言えることです。

言い換えるなら、自分が対象としているものには、必ず自分独自の「定義づけ」が存在していると言えます。そしてモノゴトの見方は、ある程度パターン化されています。

P・F・ドラッカー『イノベーションと起業家精神』（ダイヤモンド社）に記されたコップの水理論があります。

『コップに水が「半分入っている」と「半分空である」は、量的には同じである。だが、意味はまったく違う。とるべき行動も違う。世の中の認識が「半分入っている」から「半分空である」に変わるとき、イノベーションの機会が生まれる』

これに似ている話で、「コップに水が半分も入っている」と捉えるのか、「コップに水が半分しか入っていない」と捉えるのかでは、意味がまったく違うというような話を聞いたことがあると思います。

これは「モノゴトの見方」についての話です。

「コップに水が半分も入っている」と捉える人は、他のあらゆる事象に対しても充足感を覚えるようなモノゴトの見方をします。

「コップに水が半分しか入っていない」と捉える人は、他の事象に対しても欠乏感を覚えるようなモノゴトの見方をします。

モノゴトの見方がパターン化している理由の一つは、育ってきた環境が大きく影響しています。

私たちは「周囲の人のモノゴトの見方」に影響を受けながら、子どもから大人へと成長していきます。

私のことを例に挙げて説明します。私は30歳くらいになるまで、いつも家から出る時に緊張感を持っていました。

というのも、子どもの頃から父に「男は敷居を跨げば七人の敵あり」というようなことを聞かされていたためです（男性が社会活動する際には、多くの競争相手や敵が存在し、いろいろと苦労があるというたとえ）。

この話を聞いているうちに、幼い私は世間を次のように定義づけました。

「世の中は甘い場所ではない。戦いの場」

このようなモノゴトの見方をしていると、さまざまなことに対してその見方が波及していきます。あらゆるモノゴトを「競争」として見るようになるのです。

また、人に出会えば、敵か味方か無意識のうちに白黒つけたくなっていきます。

成長過程において一つのモノゴトの見方が、他のモノゴトの見方に波及しパターン化されていくと、たいていこのようなプロセスをたどります。

世の中は優しい人があふれている甘美な場所なのか？

それとも敵ばかりいる戦いの場なのか？

この問いに対する答えは「世間に対する定義づけ」で決まります。

自己との対話を繰り返していくと、自分独自のモノゴトの見方とパターンに気がつきます。モノゴトの見方を知ることこそ、自身をとりまく「人間関係」を理解する鍵なのです。

自己との対話ポイント❼モノゴトの見方を変換する

「部下と良好な関係が築けているとは言えません」

「部下がなかなか言うことを聞いてくれません」

部下との関係性に関するお悩みも「自己との対話」を続けていけば、スムーズに解決できるようになります。

このようにお伝えすると「部下を動かすためには、上手な伝え方を知ればいいいんじゃないの？」と思う方もいるでしょう。

たしかに「伝え方」はとても大切です。しかし、真の解決策は**相手に対しての見方を変換する**ことです。

ポイント⑥では「モノゴトの見方」を発見していくことの重要性をお伝えしました。自分が持っているモノゴトの見方を発見できてはじめて、モノゴトの見方を変換できるようになります。

仕事においてもプライベートにおいても、問題と感じられることはすべて、自分自身のモノゴトの見方が原因です。

さらに言えば、現時点でのモノゴトの見方に、自分自身が気づいていないことこそ真の原因となっています。

（例）部下に対する見方が変化した場合

〈ビフォアー〉

「言うことを聞かない部下」（指示通り動かない部下）

〈アフター〉

「怖れを感じている部下」（指示の内容に怖れを感じている部下）

部下に対する見方が変わると、声のかけ方が変わります。

部下のことを「言うことを聞かない部下」と見ているときには、苛立ちを感じるものです。そのような部下には、当然「なんとか言うことを聞かせよう」という意識が働きます。

この意識が働き出すと、上司が「強く言って聞かす」というケースが多く見られます。しかしご存知の通り、強く言ったところで人は素直に言うことを聞きません。むしろ逆効果で、さらなる反発を招きます。また一瞬、素直な態度を見せたとしても、すぐに元の行動に戻ってしまうものです。

一方では、「強く言うことに抵抗を感じる」上司もいます。そのような方は「上司なのに強く言えない」と自分を責めてしまうケースに陥っていきます。

指示を聞かない部下に対して「怖れを感じている部下」という見方に変化すると、接し方が変わります。

この場合の「怖れを感じている」とは、平たく言えば「上司の指示に対して起こる変化に怖れを感じている」状態のことです。

見方が変わってくると、「部下はどんな情報を知れば安心できるかな？」と上司の思考が切り替わります。

思考が切り替わると行動が変化します。たとえば、部下の抱えているリスクについて一緒に対策を練る、より情報を細かくシェアする、といった具合です。

見方を変えるためには、はじめに「**いま現時点で自分が相手をどう見ているのか？**」を知る必要があります。

次に**相手の立場に立って想像力を活用**します。

その時役立つキーワードが「**もしかして**」です。

「もしかして、不安を感じているのかもしれない」

「もしかして、伝えたことの意味がわかっていないのかもしれない」

「もしかして、伝えたことのメリットが理解できていないのかもしれない」

部下にも、必ず「言うことを聞かない」理由があります。その理由を知ろうとする姿勢が、部下とのつながりを育みます。

最後は部下に「もしかして、私の説明で不安を感じている点があったかな？」と声かけができるようになります。

ここでお伝えしたのは、あくまでも一例です。大切なことは、相手に対する見方を変化させ、「言うことを聞かせたい上司」VS「言うことを聞かない部下」という対立構造を解除することです。

ヒント！
悩んでいる部下との話し方

些細な問題が頭の中をグルグルまわっている部下をサポートする方法

私が20代の頃に気がついたことです。

「3日間とても悩みました」

「考え過ぎて、よくわからなくなりました」

部下からこのように聞くことが多々ありました。

そのつど真剣に話を聞いていたのですが、私にはどうしても部下が「考えている」と思えなかったのです。

悩み苦しんでいたことはわかりました。それでも「考えたのかな？」と疑問を感じていました。

そこで私は、部下の話を聴きながら、簡単なメモをとるようになりました。すると、**メモには、たいてい「大した問題とは言い難いような問題」が3つ程度並びました。**

つまり**部下は、些細な問題でも、同時に3つの問題を抱えていると「困難な問題にぶち当たっている」と感じ、ストレスを増幅させていた**のです。

さらにこのような発言をする部下は、一切自分の考えを書き出してはおらず、ただネガティブな思いを頭の中でグルグルリピートさせていたに過ぎなかったのです。

そこで私は書いたメモを見せながら、一つひとつ対処法を話し合っていきました。すると、10分もかからず、スッキリした顔をするようになったのです。

身体も排泄がうまく機能しなければ、とても苦しい状態になります。

私はこの体験から、思考や感情もまったく同じだと思うようになりました。

「対話」とは、本来シンプルなもの

シンプルだからこそ深淵で、その効果は絶大

「対話」は、本来とてもシンプルなもの。本やweb上には、コミュニケーションについてさまざまな情報があふれています。

しかし、本来は話し合いの場において、自分の「考え」や「気持ち」をすべて差し出す。そして、相手の「考え」や「気持ち」をしっかり聴く。たったこれだけのことです。

言い換えれば発信と受信からなる、究極的にシンプルなものだからこそ、対話は深淵なものなのです。

そして、そのシンプルな対話は、個人、チーム、組織に物心両面において多大な恩恵を授けます。

なぜ対話は、物心両面において多大な恩恵をもたらすのか？　この問いに対する答えもシンプルなものです。

「対話のある人間関係には、安心感が存在するから」

私たちは「何を考えているのかわからない人」に対して、不安を感じます。

人は不安を感じながら仕事すると、パフォーマンスが下がります。

パフォーマンスが下がったまま仕事をしていると、仲間に迷惑をかけたり顧客からのクレームが増えたり……と、望ましい結果を創造することはできません。


逆に、「考え」や「気持ち」がわかる人に対しては安心感を覚えます。

安心感のある場所では、人は高いパフォーマンスを発揮します。

また安心感のある場所には、自然と人が集まってきます。

人の集まる場所には、新鮮な情報や新しいアイデア、物やお金が流れています。

この安心感のある場所は、たった一人の「自らに誠実な人」を起点につくられていきます。

「自らに誠実な人」は、他者に対しても誠実です。つまり自分に誠実な分だけ、他者に対しても誠実でいられるのです。

このことは、職場の人間関係でもよく見られます。たとえば「本当は営業だけをやっていたい。部下の面倒を見るのがイヤというより、じつは興味がない」と感じている上司がいたとします。

しかし、この上司が人前では「部下の面倒はしっかり見るべきですよね！」という顔をしている。この状態は、上司が自分の気持ちに嘘をつきながら働いていることになります。

このような上司が部下と対話しても、ポジティブな結果につながるコミュニケーションにはなりません。なぜなら、上司が暗に嘘をつくことを認めているので、部下も嘘をつくようになるからです。

「たしかにそうかもしれないけど、この例は極端過ぎる」と思われたかもしれません。

仕事をしていればたしかに、辛抱が必要な場面はたくさんあります。自分の思いだけで突っ走るのも違います。なぜなら、仕事とは多くの人と支えあいながら創っていくものだから。

しかし、支えあっているからこそ自分に誠実でないと、関わる人たちに嘘をバラまいていることになります。

自分の考えていることや感じていることをオープンにしていくことで、信頼関係が成立し

ていくのです。

「対話」は多くの人が思っているより、何十倍も何百倍もシンプルなものです。攻撃的になる必要もければ、裏読みばかりする必要もありません。

素直に自分の思っていることを話す。
相手の意見に耳を傾ける。

たった二つの動作で完了するのです。

「本来シンプルなものを、勝手に複雑にしてしまったのかもしれない」

そう自分に投げかけるだけで、仲間とのつながりはより軽やかに、それでいて深いものになります。そして対話がスムーズに展開し、関係しているみんなが恩恵を受け取れるようになるのです。

対話の方程式

2人で行う対話には三角形が2つある

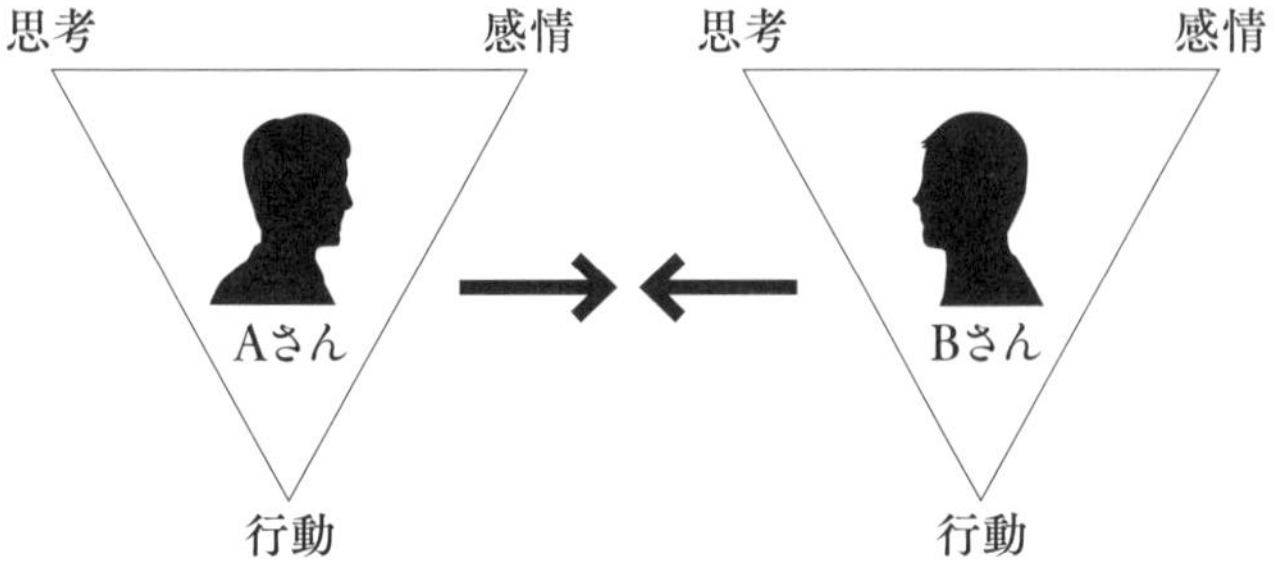

- □ 対話は、お互いの行動について観察するところから始まっている
- □ 対話は、お互いに気持ちを誠実に伝え合う
- □ 対話は、お互いに考えていることを誠実に伝え合う

対話がうまく機能し始めると、
2つの三角形が重なり1つの三角形になる

「対話」の方程式を身体に染み込ませるワーク

実践前にトレーニングを積んでおこう

課題「話の通じない部下」

「話の通じない部下がいるんです。何度も同じ話をしているのですが、なかなか理解してくれません。どうしたらいいですか？」

ワークショップなどで多く聞かれる質問です。

あなたも部下や仲間、ひょっとしたら上司に同じような悩みを感じたことがあるかもしれません。

この課題を解決するために、「対話の方程式」を当てはめて考えてみましょう。

自分の伝えたい考え・気持ち・行動をまとめる

自分の考えやアイデアについて書き出します。

次に、相手に伝えるために書き出した内容を整理します。

※５ｗ１ｈを活用しましょう。

「When：いつ」
「Where：どこで」
「Who：誰が」
「What：何を」
「Why：なぜ」
「How：どのように」

必要であれば次の項目を付け足す

※「Whom（誰に）」・「How much（いくらで）」

書き出した内容について、自分がどのような気持ちを感じているのかを書き出します。

「私は自分の考えやアイデアについて○○という気持ちを感じている」

伝える▽思考・感情・行動

相手に実際に伝えましょう。

そして、次のように確認していきましょう。

・伝えたいことは理解してもらえたか？

・わかりにくいところや疑問点はないか？

次に、意見を聞いてどんな気持ちを感じたのかを確認しましょう。

ポジティブな感情、もしくはネガティブな感情。どんな気持ちを感じているのかを教えてもらいます。

ここで絶対にブレてはいけないことがあります。

それは、あなたの意見に対して相手がどんな気持ちを感じるのも、完全に自由だということ。

あなたが相手の気持ちをコントロールすることは不可能です。

また、コントロールする必要もありません。

あなたがしなければいけないのは、相手があなたの話を「どう捉えているのか？」を理解すること。

この一点に集中します。

対話の方程式に当てはめて、思考・感情・行動と分解し、部下に丁寧に伝えていくと、次のような点がわかります。

・部下が理解していない点
・部下が誤解している点
・部下が上司の話を聴いた時に感じている気持ち

つまり、部下に「なぜ話が通じていないのか」がわかります。

「話の通じていない理由を理解する」と、相手のために過不足なく情報を伝えられるようになります。

あなたの主語は、「私」それとも「あなた」？

世界をどう見るかは、いつでも自分が選択できる

仕事をしていればさまざまな問題にぶつかります。

その問題に真摯に向き合い、解決していくことによって私たちは成長していきます。

しかし「成長する」と一言で言っても、問題に対しての向き合い方によって成長速度は大きく異なります。

問題に関わる人や状況に対して、「**私の責任がそこにある**」**という姿勢で関わることのできる人はリーダーシップを発揮し、スピーディーに成長していきます。**

最近よく見聞きする**自責思考**を備えている人のことですね。

自責思考の人は、モノゴトを**私と関係のあること**と捉えています。

このような捉え方をしている人との対話には、「**私は**」**という主語が明確に存在**しています。「自分の責任」を認め、受け入れる姿勢が話し言葉にも出ているのです（もちろん自分の話ばかりをする「私が」とは違う意味です）。

問題に関わる人や状況に対して「自分は関係ない」という姿勢の人は、成長をとめてしまいます。

その結果、周囲からの信頼を少しずつ減らしていくことになります。

これを「**他責思考**」と言います。

他責思考の人は、**主語の大半が**「**あなたは**（**が**）」**と、自分以外の他の誰かになっている**ことに気づきます。

「部下が〜」
「先輩が〜」
「お客様が〜」
「部長が〜」
「社長が〜」

「政治が～」

「が～」の後には、必ず「相手に非があることを説明する言葉」が続いています。

たとえば、「部下が勝手に判断してミスをおかした」という具合です。

この後には、「私はまだ部下にこの仕事を任すのは早いと思っていた」というような、「自分に責任はない」という考えを強化する話が続きます。

このように他の誰かを主語にしてしまうモノゴトの捉え方は、自らの責任を放棄する考え方につながります。

と同時に、自分の才能や成長のチャンス、すべてを放棄しているのです。

成長や才能を放棄するのはとても辛いことです。

なぜなら自分を信頼できなくなるから。

つまり、他責思考で仕事をしていると、心がとても苦しくなるのです。

「私は」と責任を負う意欲を持ってモノゴトを見るのか。

「あなたが」と他人のせいにしてモノゴトを見るのか。

モノゴトの見方が違うだけで、仕事やプライベートの充実度に雲泥の差が出ます。

ここで一番大切なことをお伝えします。

モノゴトの見方は自分で選択できる。

モノゴトの見方は、誰がなんと言おうと自分で選べます。

「自分で選べるんだ！」と理解していると、とても心が軽くなります。

さらにお伝えしておきたいことがあります。

いまこの瞬間まで他責思考で捉えていたモノゴトでも、意欲があれば自責思考に捉え直すことができます。

つまり、意欲さえあれば誰でもリーダーシップを発揮し、関わる仲間と共に成長していくことができるのです。

自責思考と他責思考、どちらを選ぶのかは完全に個人の自由です。

その結果は、すべて選択した人が体験することになります。

ここで、自責思考についてよく誤解されている点があるので説明を付け加えておきます。

その誤解とは「優秀な人や実績のある人だから自責思考ができる」という考え方です。

これは完全に誤った考え方です。

「自ら責任を負う」という姿勢を持つことに、優秀かどうかや実績は1ミリも関係ありません。当然、学歴も家柄も関係ありません。

自責思考と他責思考を分けるのは、あくまでも「モノゴトの見方」です。

モノゴトの見方が変わると対話が変わります。

対話が変わると人間関係が変わります。

自分が普段している「モノゴトの見方」をぜひチェックしてみましょう。

自己との対話が増えてきたあの日のこと

人間関係が変わり、人生が変わった!

もともと共感することが苦手だった私。

部下と心の通う対話もできず、口から出るのは指示と命令のみ。

こんな状態で個人の成果を上げてきた私は、部下を持ち「チームマネジメント」の壁にぶつかり挫折しました。

その挫折がきっかけで、対話や人間関係について学ぶようになりました。

学んだことを自社で活用し始め、身になってきたことを実感し始めた頃、ある会社で役員をしていた友人に、「会社の相談に乗ってほしい」と声をかけられました。

快諾した私は、友人に言われるままに、毎週火曜日のスケジュールを空けました。

そこから約束の日になると、友人が自宅に迎えに来てくれて、喫茶店に向かう日が始まりました。

喫茶店に着くと、コーヒーを何杯も飲みながら、お互い納得いくまで時間を忘れて、経営について話しました。

そこで一緒に「あーでもない、こうでもない」と話し合ったことを、友人が実践すると、みるみるうちに問題が解決し、業績が上がり始めました。

私は、友人と話しているその時間が楽しくて仕方ありませんでした。

と同時に、知らずしらずのうちに、火曜日を待ち遠しく感じている自分がいたのです。

そんないつもの火曜日。友人がふと、こんなことを言い出しました。

「淳ちゃん、社内の人間関係や育成で困っている経営者さんはたくさんいるから、名古屋から出なきゃダメだ！　もっと多くの経営者さんに、淳ちゃんがオレに教えてくれたことを伝えてあげないとダメだと思うんだよ」

私はこの言葉を聞いたとき、頭が真っ白になりました。

しかしその日の晩から、ずっと友人の声が頭の中で何度もリピートしていました。

私は真剣に自己との対話を開始しました。

それまでも自分の内面を見ていくことはありました。

しかし、これまでの自己との対話とは何かが違うと感じました。

その違いは、問題を解決するための対話ではなく「未来を創造するための対話」だったことです。

自己との対話によって「自分が本当にやりたいこと」や「誰の役に立つ仕事をしたいと思っているのか?」など、自分の中で散らばっていたあらゆる考えが整理されていったのです。

そして、友人に伝えていた内容を一冊の小冊子にまとめました。

その小冊子がきっかけで、多くの人に出会いサポートを受けながら、全国の企業や経営者の勉強会に招かれるようになりました。

友人との深い対話がきっかけで、自分が本当にやりたいことに気づかされたのです。

やりたいことを考える時間が長くなればなるほど、自分に対しての信頼も増していきました。

当時、喫茶店で話していたことを、現在ではクライアント先の立派な研修室でお話しさせていただいています。

しかし、気持ちはいつも「あの日の火曜日」と同じです。

経営幹部、ビジネスパーソンに対話があらゆる解決策を生み出すこと。

そして、問題がチャンスに変わっていくことを伝えたい。

「対話」が個人的成長を促し、強固な組織づくりの糧になることを一緒に体感してもらいたい。

いまもなお、その気持ちがまったく枯れることがありません。

むしろ拡大していく感覚を味わっています。

自己との対話、他者との対話は、ビジネスだけでなく、人生そのものを変える力を持っています。

「対話の力」は、この本を読んでいるあなたにも必ず同じ効果を発揮すると断言します。

［コラム］
クライアントとの対話エピソード

クライアントから、時々こんな連絡が入ります。

「あの〜、少しお時間いいですか？　と部下に言われてしまって……」

私は、この連絡が入ったときは、可能な限りすぐに話を聞くようにしています。

なぜなら、部下に神妙な顔つきで「少しお時間いいですか？」と言われたときの、あのなんとも言えない重たくなる気持ちが痛いほどわかるからです。「少しお時間いいですか？」の次に続く言葉は、たいてい「辞めたい」ですよね。

大切な仲間が離れていくのは、やはり寂しいものです。あの重たい気分はその寂しさを感じたくなくて、自分の心を誤魔化そうとした結果なのかもしれません。

はたまた、自分の至らぬところを責めてしまう気持ちが重たさを生み出しているのかもしれません。

もしくは、どちらの気持ちも入り混じっているのかもしれません。いずれにせよ嫌な気分になるのは間違いありません。

しかし、自分の人生を振り返ると「嫌な気持ちを強く感じたことほど、自分自身を変化させる動機になっている」とも思います。

私がサポートしているクライアントさんも皆、「最悪だ」とため息をつくような辛い体験を通して「このままでは同じことの繰り返しだ」と気づき、「自分は本当のところどうしたいのか？」と自分に向き合うようになっていきます。

体験した人はみんなわかると思います。どんどん仲間がいなくなる、あの恐怖にも似た気持ち。

そんなネガティブな気持ちが、私と対話することで少しでもやわらいだら嬉しい。そして自分が本当に望んでいる未来を創造していくきっかけにしてもらいたい。そう心から願っています。

最後に、何よりも伝えたいのは「仲間との日頃の対話を増やして！」です。対話が少ないと人は心が離れ、最後に共に働くことを諦めてしまうものだから。

第3章

実践！　部下や上司とわかりあえるための対話術

成果は、
「仕事と対話のスキル」の両輪で決まる！

部下から「わかってもらえた！」と言ってもらえる人になる

他人に対しての理解度は、自分自身に対する理解度に比例する

「部下の成長をサポートしたい」と思ったら、部下が考えていることや感じている気持ちを理解しなくてはいけません。

そして部下を理解したければ、まずは自分自身について理解する姿勢が必要になります。

なぜなら、**他人に対する理解は、自分自身に対する理解に完全に比例している**からです。

自分の考えていることや感じていることを客観視できるようになると、他者のことも同じように客観視できます。

他者を理解するとは、相手の考えていることを理解し、感じている気持ちに共感することです。

なぜ、自分自身に対する理解度と他者に対する理解度は比例するのでしょう？

それは、他者を観察しているのは紛れもなく「自分」だからです。

自分自身に対する理解度と他者に対する理解度は比例する

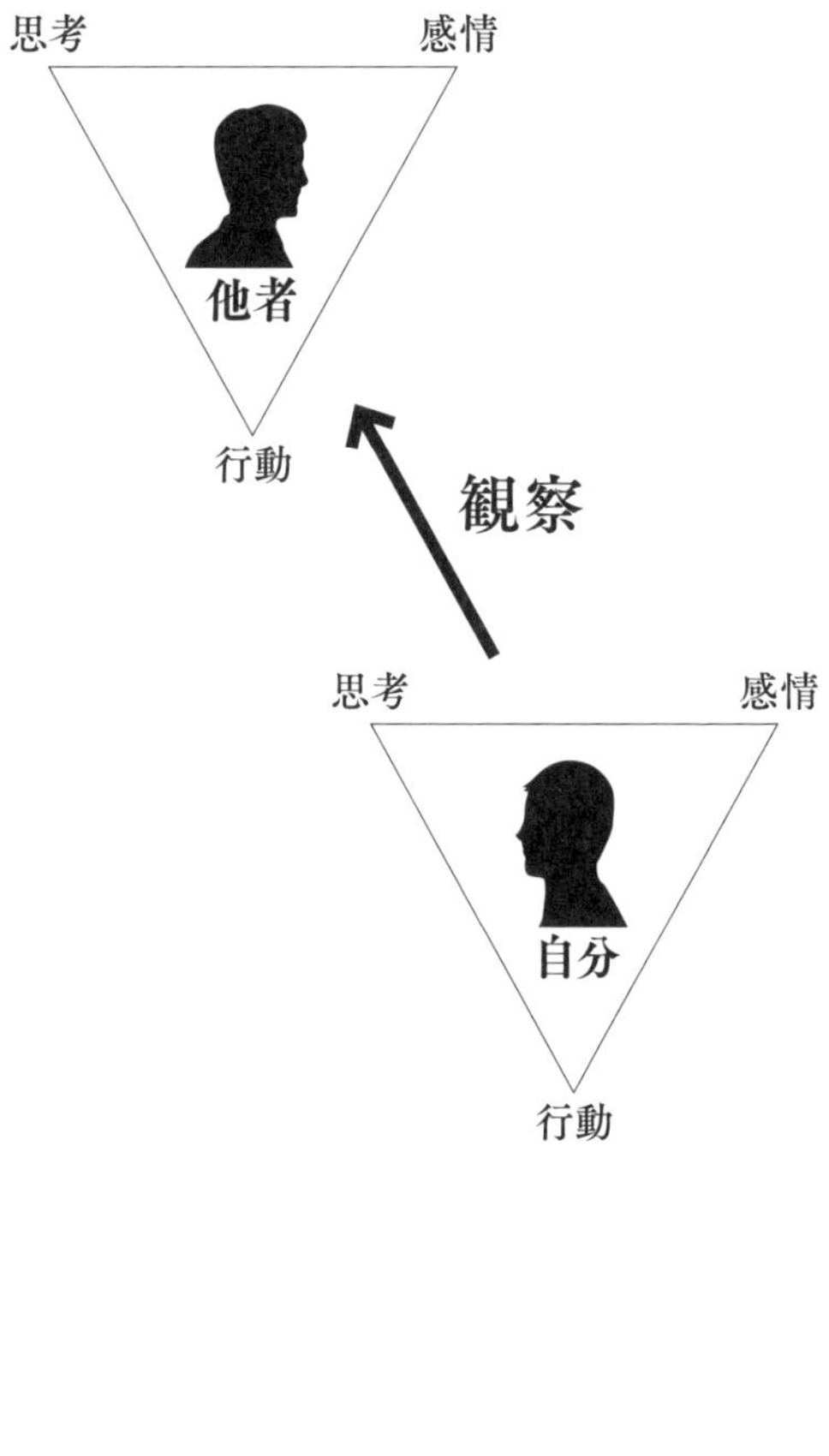

つまり**他人を見ている自分というフィルターを理解してこそ、他者のことを客観的に見られるようになり、理解が進む**のです。

「他人を見ている自分＝フィルター」

観察者の数だけ、人に対して見方があります。

たとえば有名な芸能人、ある人にとっては憧れの人、ある人にとっては嫌いな人、ある人にとってはライバル、ある人にとってはかけがえのない人……。

見る人によって、相手に対する意味合いは違い、人の数だけ見方はたくさんあります。

このように同じ人に対しても、見る人が変われば考えることや感じる気持ちは違います。

観察者は他者に対して、独自のフィルターを通して見ていることに気がつかなくてはいけません。さらに言えば、どのようなフィルターを通して見ているのか理解していく姿勢が重要です。

この姿勢が整い出すと、相手をありのまま見られるようになります。

さて、話を上司と部下に戻しましょう。

上司が部下に対して、どのようなフィルターを持っているのか理解していく姿勢を持つと対話がスムーズに展開します。

また、自己との対話によって「なぜ？」と粘り強く質問し、自分の本心に向き合った経験がある人は、他者にも上手に質問できます。

なぜなら、自分に与えた粘り強さを他者にも発揮することができるからです。

「他人に対しての理解度は、自分自身に対する理解度に比例しますよ」というお話をすると、「他人のことはわかるのに、自分のことはよくわからない。なんていうことがありますよね？これについてはどうお考えですか？」と、質問されることがあります。

たしかに世間では、このように言われることが多いですよね。

しかし、よく観察してみると「相手のことを憶測で話しているだけで、本当のところはわかっていない」というケースが大半だと気がつきます。

世の中には人の考えや気持ちを予想して、上手に話せる人がいます。

相手のことを真に理解しているのではなく、周囲の人に「たしかにそうかも〜」と思わせるのが上手な人です。

このような話法を使いこなせるのは才能の一つです。

うまく活用すれば、多くの人の助けになります。

しかし「理解しているとは言えない」と私は感じています。

「他人に対しての理解度は、自分自身に対する理解度に比例する」というのは、とてもシンプルな法則です。

この法則を知っていると「**相手を理解したい**」**と思うなら、**「**自分自身を理解することに集中すればよい**」とわかります。

私たちは一人ひとり、違う個性を持って生きています。

甘いものが好きな人もいれば、苦手な人もいる。

夏が好きな人もいれば、冬が好きな人もいる。

よく考えてから行動したい人もいれば、行動してから考えたい人もいる。

人の数だけ個性があり尊い存在。

そして、みんな同じでもあります。

禅問答のように聞こえるかもしれませんね。

しかし、これもまた事実。

損するのが嫌いなのはみんな同じです。

愛する人を失えば、悲しい気持ちになるのもみんな同じです。

その気持ちの乗り越え方は違うかもしれないけど、本質的には同じ。

人生の最後に死を迎えることもみんな同じです。


一人ひとり違い、そしてみんな同じ。

このことを意識しながら自分に対する理解を深めていけば、自ずと部下が何を考え、何を感じているのか自ずとわかってきます。


また、自分が部下に対して「もしかしてこう思っているのかも?」と感じたことを、サラッと質問できるようになります。

すると、部下から「わかってもらえて嬉しいです!」と言ってもらえるようになっていきます。


「わかってもらえた」は安心感の源であり、信頼関係を築くベースでもあります。

部下のご機嫌をとるでもなく、無意味な迎合をするでもなく、本当の意味で「部下を理解する」意欲を大切にしましょう。

その想いは、自分をさらに理解していく助けになります。

「働き方」の変化に合わせて、コミュニケーションをアップデート

働き方が変わっても「協力関係を築けるかどうか」がキーポイント

多くの職場で、日々働き方には変化が起こっています。

働き方の変化に合わせて、コミュニケーション方法もアップデートする必要性があります。

コミュニケーションのアップデートとは、**意図的に「感情を分かち合う」ことを増やすこと**です。

また、アップデートするためには、コミュニケーションの本質をつかんでいなくてはいけません。

コミュニケーションの本質とは、この本で一貫してお伝えしている「思考」と「感情」を伝達することです。

指示・命令を伝えるだけで完了する仕事は、未来にはすべてAIにとって変わっていくで

しょう。

コミュニケーションに「感情を分かち合う」ことが必要な二つの理由

①オンライン化による働き方の多様化

多くの仕事はｚｏｏｍなどを用いて、オンラインで画面越しに進められることが増えました。私自身もクライアントとのセッションや、この本の執筆に関するミーティングなど、いまではｚｏｏｍミーティングを活用する機会が非常に多いです。

オンラインを活用して働くことが一般化し、以前のように同じ時間、同じ場所に人がいるとは限らなくなりました。

時間も場所も自由度が高まり、そのメリットは言うまでもなく、移動コストがかからないこと、そして特定の場所に縛られず仕事ができることです。

しかし、デメリットもあります。「場の共有」がないために、視覚や香りなど五感に訴える情報が少なくなることです。

つまり、「空気を読む」とか「察する」といった、「体感」によっての情報収集が難しくなっているのです。

「空気を読む」とか「察する」というのは、その場に流れている感情に対する反応で、要はその場にいたら「なんとなくわかる」というようなこと。

しかし、オンラインでは感情をしっかり言葉にしないと伝わらない、また、感情を言葉にしていないことが原因で、誤解されて伝わってしまうということがあります。

オンライン化による働き方の多様化は、効率と便利を生み出しました。

効率的で便利なものを仕事で上手に使いこなすためには、「感情を分かち合う」ことを意識してコミュニケーションの質を向上させましょう。

②あらゆるものが細分化された世の中で、常識的な表現が消えていく

「常識的に考えて」とか「一般的には」というのは、やや乱暴な言い方をすれば、大多数の人が信じていることや当然だと思っていることです。

「大多数の人が」というのがポイントです。

昭和という時代には流行にまとまりがありました。

しかし、平成、令和と進むにつれて、人々の好みはどんどん細分化されていったのです。細分化にともない「一般的には」という表現は、コンセプトを共有する小さい集団の中でしか使えなくなってきているように感じています。

その流れの中で、人々は自分と他者の「違い」にとても敏感になりました。

この現象は「個性」に着目し、個人が尊重される時代の流れをつくっていきました。

同時に「対話に疲れてしまう」という現象も生み出していると思います。

一人ひとり違う存在なのは当然です。

しかし、その違いばかりをクローズアップしていると、「一緒だね」と感じられなくなる。

「一緒だね」は共感につながり、安心感へとつながっていきます。

何もかもを具体的にすることだけが、人間関係の中で大切なわけではありません。

「考えは違うところもあるけど、同じ気持ちを感じているんだね」が着地点であってもいいのです。

気持ちを伝えることで「大まかな合意」が可能になります。

「大まかな」とか「だいたい」というのは、人々が仲良くしていくうえでとても大切なキー

ワードです。

コンセプトが違う、趣味趣向が違う、そういう人たちとの対話から新しいものが創造されていきます。

「感情を分かち合う」を意識すると、さまざまな違いを認め、受け入れることがスムーズになります。

「オンラインで仕事をするとき、同等のスキルを持っている人同士はとても便利。しかし、スキルに格差があるケースではまだまだ課題を感じている」

「情報共有という側面では問題ないが、社内の人間関係が希薄になっていることに危機感を覚えている」

実際にクライアントからよく聞く声です。

二つの声は「同じ場所に存在していない」ことが原因で、「体感」を共にできていない。

そのため、情報収集や情報共有が難しくなっていることを危惧している声です。

「同じ時間、同じ場所にいることを大切にする」という対策も大切です。

しかし、現実的には以前と同じような働き方はできないし、する必要もありません。

過度な効率化は、逆に非効率化を生み出すことを知っておく。

そして非効率化を防ぐために、感情を分かち合うことによって、コミュニケーションの質を担保していけばいいのです。

「感情を分かち合うのが大切ですよ」というお話をすると、必ずと言っていいほどこのような質問を受けます。

「私が『感情を分かち合う』を意識して話しても、相手がまったく自分の気持ちを伝えてくれない場合は、どうしたらいいんですか？」

「対話」は一方的なものではなく、共同で創造されるものです。

そういう意味では、ごもっともな質問です。

私は「**自分の気持ちを伝えるだけで充分**」だと考えています。

相手が言いたくないことをムリに言わせようとしても、良い結果は得られません。

また、対話している相手が、なんらかの理由で「気持ちが伝えられない」なら、「**言葉を待**

ってあげる思いやりも大切」だと感じています。

ただし、どれくらい待つかは私が決めています。

「感情を分かち合う」は、「感情的になる」とは違います。

「感情的になる」は、怒りや悲しみに振り回されていることです。

「**感情を分かち合う**」**というのは、自分が感じている気持ちを話す、相手が感じている気持ちを聴く**という、シンプルな行為です。

しかし、なかには感情を分かち合うことを、「相手を責める行為」だと誤解している人もいます。さらには、「恥ずかしい行為」だと感じている人もいることを知っておきましょう。

私たちをとりまく社会と働き方は、とてつもないスピードで変化していますね。

しかし、人との交流の中で愛を感じたり、喜びを感じたりするのは太古の昔から変わっていないこと。

そして、共に働く仲間とは信頼がキーポイントになることも変わらない事実です。

「働き方に合わせてコミュニケーション方法をアップデートする」とは、時代の変化を機敏に感じ取りながらも、「**変わらないものを大切にしていく**」という意味が込められています。

対話できる人とできない人では、成果が違う！

「仕事と対話のスキル」をかけあわせた人だけが成果を上げられる

対話できる人と対話できない人では、能力やスキルが同じくらいだとしても、成果がまったく違います。

対話できる人は、より少ない労力で大きな成果を上げられます。

対話できない人は、多くの労力をかけても、対話できる人ほど大きな成果を上げられません。

なぜ、対話できる人は大きな成果を上げられ、対話できない人は成果を上げるのに苦労するのでしょうか？

この理由はいたってシンプル。

「人間、自分一人でできることには限界がある」からです。

対話は「協力」の源です。

人と人が協力するとき、まずは「量」が拡大していきます。

具体的に言えば「アイデアの量」や「生産量」などです。

量が増えると「質」を向上させることができます。

たとえば、営業で使う「トークスクリプト」を制作するとします（トークスクリプトとは顧客対応を行う際に、サービスの種類や案内の内容をステップごとに作成した台本）。

優秀なビジネスパーソンが集まり、成功事例を出し合う、そうすれば、成約率の高いトークスクリプトができあがるのは簡単に想像できます。

一人で制作するより、何倍もスピーディーに多くの実体験を元にしたアイデアが集まるのです。

協力こそ大きな成果の鍵です。

その協力は、対話があってはじめて成立します。

人類はマンモスを狩っていた太古の昔から、今日に至るまでさまざまな問題解決のために協力してきました。

協力の根底にあるのは「一人の問題はみんなの問題」という意識です。
言い換えれば「誰かの問題は自分の問題」という意識とも言えます。

仲間が困っていることを「自分の問題」として捉えられる人がリーダーです。

リーダーは、仲間の話をしっかり聴くことから始めます。

この「困っていること」をしっかり聴くという行動が、組織に安心感を生み出します。

ちなみに、この話は組織やチームに所属している人だけの話ではありません。

フリーランスや個人事業主の方にも同じことが言えます。

すべてのビジネスには、顧客、取引している協力会社などが存在します。

一人で仕事をしていたとしても、一人で完結させられる仕事なんて世の中に一つもありません。

対話できる人と対話できない人では、成果が違います。

また、仕事が展開していくスピードも違います。

「対話が少ないかも……」と感じる方は、一番身近にいる人と対話を始めてください。

自分の一番近くにいる人と、オープンな気持ちで対話ができるようになれば、そのエネルギーは、組織やチームにどんどん波及していきます。

対話は新しい発見のきっかけであり、創造のスタートです。

「理解しあう」の意味とは？

相手のことを「理解する」のと「受け入れる」のは別の話

「部下の話を聞くのは大切だと思うのですが、どうしても聞く気になれません」

このように感じている上司は少なくありません。

部下に理不尽なことを言われたり、無茶な要求をされたりしていると、部下の育成に責任ある上司であっても、「話したくない」と思うのは普通のことです。

「話を聞くべきなのはわかっている、でも聞きたくない」

この葛藤の裏には、**「部下の無茶な話につきあわなければ」という、思いが隠されています。**

この思いは「上司としてあるべき姿」が前提にあり、つまり**「部下の話を聞き、部下の要望を汲んであげなくてはいけない」と考えている**のです。

断言します。

たとえ大切な部下からの話だとしても、理不尽な話や無茶な要求は、何一つ聞く必要がありません。

部下の話をすべて受け入れる必要はないのです。

部下の話を聞いて「違う」と感じたら、率直にその思いを伝えることです。

顧客、会社、みんなの利益や豊かさにつながらないような、意味のわからない要求には、ハッキリ「NO」と伝えるべきです。

対話のキーポイントは、「理解する意欲」を持つこと。

実際に理解できるかどうかより、まずは理解する姿勢が大切だと、本書では繰り返しお伝えしています。

しかし、**「理解する」のと「言いなり」になるのはまったく別の話**です。

ここを一緒にしてしまうと、対話すること、ひいては、人と関わること自体が苦しくなっていきます。

「部下の話を聞くのは大切だと思うのですが、どうしても聞く気になれません」と感じている人の中には、ビジネスパーソンとしてとても優秀な方が多くいます。

そんな優秀な方は、外部との交渉に長けていたりもします。

しかし、社内では部下の言ったことを聞き過ぎてしまうのです。

なぜ、こんなことが起こってしまうのでしょう？

その理由は、**「愛」があるから**。

ただ、親しい人間に対して愛の与え方が、少しねじれた表現となってしまっているのです。

私はこのような相談を受けるたびに、「過保護ですよ！」とツッコミを入れています。

小さい子どもによくある出来事を例にお伝えします。

子どもが夕飯前にもかかわらず、お菓子を食べたがっている。

しかし、親はこう考えます。

「いまお菓子を食べさせてしまったら、夕飯が食べられなくなる。そしたら、栄養バランスがとれない。ちゃんとご飯を食べてもらえるように我慢してもらおう」

しかし子どもは、いまこの瞬間「ナニがなんでもお菓子が食べたい！」と思い、駄々をこね、うるさくします。

あまりにもうるさいと感じた親は、根負けしてお菓子を与えてしまい、その結果、親の想像した通り子どもは夕食を残している。

子どものワガママにつきあえば、想定していた通りの結果になります。

このたとえ話の登場人物を入れ替えてみてください。

親を上司に、子どもを部下に、お菓子を無茶な要求と。

上司が部下の無茶な要求を聞いて、良いことは一つもないのです。

「ダメなものはダメ！」と言い切ることが、自分と相手のためになる愛の表現です。

ただし、部下の話を聞いたうえで、要求が通らない理由をしっかりと伝えましょう。

さらに進んで、どうすれば要求が通るのかも教えてあげられたら、より深い対話になります。

ここまで読んで、あなたはこう思っていませんか？

「ダメなものはダメ！　と言い切って、部下が不機嫌になったらどうするんですか？」

もしくは「社内の空気が悪くなったらどうするんですか？」とか、「辞められたらどうするんですか？」という、漠然とした不安を感じているかもしれません。

しかし、安心してください。

しっかりとダメなことについて理由を説明しても、不機嫌をたてに自分の要求を通そうとしてくるような人は、一緒に働く仲間に迷惑をかける人です。

すでに社内に良くない空気を生み出している可能性もあります。

そのような人が辞めてもなんの問題もないので、気にする必要はありません。

さらに正確に言うならば、**組織が変わるチャンス**でもあります。

この話は長くなるので割愛しますが、「ダメなものはダメ！」と伝え、「なぜダメなのか？」と説明する責任を果たすことにフォーカスしましょう。

部下の話を聞いて、理解する意欲を持つのは上司として大切な姿勢です。

しかし、部下の話を無条件に受け入れる必要はありません。

この二つは明確に区別すべきことです。

部下がわがままを言ってきた、無茶な要求をしてきた、そんなときこそ人材教育のチャンスと捉えましょう。

なぜなら、**わがままや無茶な要求の9割は、「無知」が生み出している**からです。

このことを知っておけば、部下の無知に対して、怒ったり苦しんだりする必要は何一つないことがわかります。

ただ、部下が「知る必要のあること」を丁寧に教え、そして「知る」喜びを分かち合っていきましょう。

「大切な人」にほど「話しにくい」と感じてしまう理由

親密な関係を怖れてしまう心理

自分にとって「大切な人」にほど、話すべきことを話さない人がいます。

「なぜ、話さないのですか？」と質問すると、決まって次のように返ってきます。

「心配をかけたくなかった」

お気持ちはわかります、私だって大切な人に、ネガティブなことを伝えてムダに不安を煽るようなことはしたくありません。

しかし、**問題が大きくなるのは、いつだって話していないことが原因**です。

「仲間に心配をかけたくない、嫌な気持ちにさせたくない。けど、自分の想いをわかってもらいたい」

ビジネスパーソンの多くは大なり小なりこのジレンマを抱えています。

なぜ、大切な人に話すべきことを話さないのでしょう？

それは「心配をかけたくない」という思いの裏に、「**一人でなんとかしなくてはいけない**」**という思考がある**からです。

さらに言えば、大切な人に話すべきことを話さない人は、**問題を一人で抱え込むことが癖**になっています。


このような癖を持つ人は、**他者と親密な関係になることを怖れている人**です。

親密な関係とは、「心と心がとても近くに感じられる関係」のことです。

お互いの心の距離が近いので、相手の心がハッキリと見えます。

当然、相手からも自分の心がすべて見られることになります。

このとき自分の心の中に「見られたら嫌だな」という思いがあると、親密な関係を拒否してしまうのです。

その結果、自分にとって大切な人に、話すべきことを話さなくなります。

正確に言えば、「**話せない**」**と感じる**のです。

親密な関係を拒否しているので、話すべきことが話せない、つまり対話が成立しません。よくて、当たり障りのないコミュニケーションをとるだけで、本当に大切な真実の情報が伝わりません。

経営者は会社全体に、各部署やチームの責任者はグループに最も大きな影響力を及ぼしています。

そのため、**責任者が親密な関係を怖れていると、組織内の人間関係がうまくいきません。**

チームワークを充分に発揮できなくなってしまいます。

部下育成やチームマネジメントの相談に乗っていると、「これは部下には言えない話なのですが」と話し始める人がいます。

ご相談をじっくり聴いてみると「それを言わないから部下が不安を感じ、その不安が会社に対する不満になっている」と感じることがよくあります。

一人の優秀なビジネスパーソンから、リーダーシップを発揮する上司へと成長していくとき、大切になってくるのが「親密感」です。

親密感があると、引っ張っていくのと同時に、「**寄り添う**」こともできるようになります。

「これは言えない」と思うことが多い組織は、風通しの悪い組織で空気が淀んでしまうのです。

組織の風通しが悪いと、そこで働く人々からは活気が失われてしまいます。

「親密感を育み、大切な人にこそ自分の本音や必要な情報を話しましょう」と言うと、条件反射的に「なんでもかんでも部下に話すのは違うだろ!」とおっしゃる人がいます。

私も「なんでもかんでも話すべき」とは思いません。

伝える必要のある情報を取捨選択していくのは大切なことです。

ここで、伝えるべきことと伝える必要のないことを一つひとつ解説することはできません。

なぜなら、状況や関係性によってケース・バイ・ケースだからです。

ただ、次の二つの点は外せません。

- **仲間がスムーズに仕事をしていくうえで必要な情報**
- **自分の考えと気持ち**

この二つの情報を伝えるのが億劫に感じる場合は、親密感に課題があると考えていいでしょう。

また、仲間に伝えたら落ち込むのが予想される「ネガティブな情報」でも、真摯に伝える必要があります。

結局のところ「何を話すのか」も大切なテーマですが、それよりも**伝える動機**のほうが何倍も重要です。

さらに重要なのは、対話において**自分の心をオープンにする**ことです。

協力して働くというのは、「一人では解決できないことをみんなで解決していく」ことです。「親密な関係」は、組織やチームを土台からまとめていく強力なエネルギーを発揮します。

これからの時代の組織運営、人間関係に必要なリーダーシップの力の一つです。

相互理解を成功させる、対話の5つの要素

「話す」と「聴く」を自分と相手のために

本書では、誰でも使える「対話の方程式」と、対話が持つ力をお伝えしてきました。

対話をする目的は、状況によってさまざまだと思います。

しかしどのような目的だとしても、お互いの考えや価値観を理解していくことを目指さなくてはいけません。


そんな相互理解を深めてくれる対話の成り立ちは非常にシンプルで、「話す」と「聴く」のたった二つの行為で成り立っています。

シンプルだからこそ、対話は奥深いものです。

その奥深さから、時々とても難しく感じてしまうこともあります。

この項では、「**相互理解を目指す対話で意識すべきポイント**」を5つご紹介します。対話に悩んだときは、ぜひ何度も読み返し参考にしてください。

ポイント❶「事実確認」を大切にする

対話する時は、そこになんらかの対象となる「テーマ」が存在します。たとえば、お客様との間に起こってしまったトラブルの解決、社内のイザコザを解決、新人に仕事を教える、など、どんなことにもテーマが存在します。

対話する際に、テーマについて双方に認識のズレがあると対話は成立しません。つまり対話を始める時に一番大切なことは、「**テーマのすり合わせ**」です。

ビジネスシーンにおいて「テーマのすり合わせ」は、主に「**事実確認**」が最も大切なポイントになります。

事実確認は、お互いに起こった事象について客観的に理解し、共通の見方をすることです。

「対話」の方程式を身体に染み込ませるワークでもお伝えしましたが、客観的に事実を理解するには、5w1hもしくは6w2hで理解するようにしましょう。

問題解決のベースには、必ず徹底的な事実確認があります。

逆に言えば、**問題のあるところには「事実」に対する認識のズレ**があります。

たとえば朝の挨拶一つとっても、**認識のズレが生じれば人間関係が悪化する**原因になりえます。たとえばこんな感じで。

竹内さんは、上司である大田さんに挨拶をしたのに、大田さんが挨拶を返してくれないと感じている。

大田さんは、竹内さんが自分に挨拶をしてこないと感じている。

このような認識のズレをそのままにしておくと、そのズレは歪んだまままさらに拡大していきます。

気がついたら、「なんとなく苦手」から「あの人とは合わない」という感情を抱いてしまうこともあるのです。

最初に竹内さんが挨拶した時、声が小さかった、そして、考えごとをしていた大田さんがその声に気づかなかっただけだったとしても。

また、**事実確認が甘く「決めつけ」で話せば、信頼を失う**こともあります。

「部下のミスだと思い叱った。しかし、よくよく問題の原因を調べてみるとシステム上のバグで部下のミスではなかった」といったようなことは実際によくあることです。


対話のスタートは、事実確認に徹するべきです。

対話する相手が感情的になっていればいるほど、冷静に5w1hを活用した質問を投げかけ、事実を把握しましょう。

万が一、事実確認をおろそかにし、お門違いの意見を相手にぶつけてしまっていることに気がついた場合は、1秒でも速く相手に謝罪するのが好ましいです。


対話には、「テーマを明確にする力」があります。

テーマが明確になるからこそ、テーマを中心に多くの意見が集まり、新しい解決策を生んでいくのです。

事実に対して、何を考え、どんな気持ちを感じているのかを話すのが対話です。

事実を無視して「決めつけ」で話されるのを好きな人はいません。

事実確認のない、決めつけでの物言いは問題を生み出し、人の気持ちを萎えさせてしまいます。

事実確認のできない人には、決して部下を持たせてはいけませんし、また、事実を歪めてしまうような人を上司にしてはいけないのです。

そのような行為は、必ず組織やチームにマイナスとなって働くからです。

ポイント❷自分の気持ちを正直に伝える

相互理解を目指す対話において、決してやってはいけないことは、「**自分の気持ちを誤魔化して話す**」ことです。

自分の気持ちを正直に伝えることが何より大切になります。

この理由はとてもシンプルです。

自分の気持ちを誤魔化して話しても、相手に伝えたいことが伝わりません。

伝えたいことが伝わらず、「誤解」を生み出してしまいます。

誤解は、人間関係が悪化する最もポピュラーな原因です。

「気持ち」とは天気のようなもので、その時どきで異なり、晴れの日もあれば曇りや雨の日もあるのが当たり前なのです。

この世界においては、晴れの日だけが良いわけでもなく、雨の日も大切な一日です。

「気持ち」も天気と同様に良い悪いはありません。

ポジティブな気持ちを感じている時もあれば、ネガティブな気持ちを感じている時もあるのが普通です。

つまり、ポジティブな感情だけでなく、ネガティブな感情を伝えることも悪いことではありません。

「嬉しいです」「幸せを感じています」と、ポジティブな感情を言葉で伝えていきましょう。

「悲しみを感じています」「イライラを感じています」といったネガティブな感情も、ポジティブな感情と同じように伝えていくことが大切です。

ちなみにネガティブな感情を伝えるときには、一つ大切にしなくてはいけないことがあります。

それはアイメッセージで「**自分の感情に責任を持っている**」と、相手にわかるように感情を伝える必要があること。

アイメッセージとは、主語が「私は」から始まる伝え方のことを言います。

「(私は) 悲しみを感じます」

「(私は) イライラを感じています」

このように、あくまでも「**自分自身が感じている気持ち**」を表現しなくてはいけません。

決して「あなたのせいで悲しみを感じています」という伝え方になってはいけません。

自分の感情に対して無責任な態度が見え隠れすると、相手との関係性が悪くなってしまいます。

ポイント❸自分の考えを率直に伝える

「この人、いったい何を言いたいのだろう?」という話し方をする人に出会ったことはありませんか？

あなたの周囲にも、わかりにくい話し方をする人がいるかもしれません。

このような特徴を持つ人は必ずと言っていいほど、「**自分の考えを隠しながら**」話しています。

「間違っていることを言いたくない」とか「具体的なことを指摘されたら困る」といった、さまざまな理由から回りくどい話し方をする癖がついているのです。

とくにビジネスシーンでは「自分の考えを率直に伝える」が鉄則です。

考えを隠しながら話すと、聞き手は混乱します。

混乱した人は、話を聞くことが面倒くさくなります。

なぜならわかりにくい話はストレスを感じるからです。

相互理解に向かう対話は、自分の考えを率直に伝えるところからスタートします。

「**自分の考えを率直に伝える**」**とは、「自分の考えを明確に伝える」という意味です。**

私は対話の体験から、**明確な考えとは「一文で伝わる考え」**と定義づけています。

「私は○○だと考えています」という一文です。

具体的には、

「私はクリームパンを食べたい（と考えています）」

「私はその意見に賛成（と考えています）」

「私はその話を聞いて、わからないところが3つあった（と考えています）」

などです。

ライフシーン、ビジネスシーン問わず、このように自分の考えを一文で伝えられると、誤解なく伝わっていきます。

相手に伝わりやすいというのは、それだけで信頼される要素になります。

「自分の考えを明確にする」とは、言い換えれば自分の「欲求」や「願望」を明確にすることです。

「自己との対話」を深めていくと、自分の考えが明確になっていきます。

自分の考えを明確にするために、なぜ自己との対話が必要なのでしょう？

それは、自分の考えを知るとは、自己理解そのものだからです。

自分は何が好きで、何が嫌いなのか？

なぜ好きなのか？　なぜ嫌いなのか？

自分のことを深く知ることによって、「モノゴトの見方」の傾向がわかってきます。

すると、自分が考えていることはとてもシンプルなことだと気づきます。

「考え」というのは一見複雑に見えたとしても、シンプルな考えの組み合わせでしかありません。

前に挙げた一文に相反する考えを組み合わせてみると以下のようになります。

「私はクリームパンを食べたいです。カレーパンも食べたいです。けれども二つは食べられないので、どちらを買おうか迷っています」

「私はその意見にほぼ賛成です。しかし、一点だけ反対意見を持つところがありました。なので、反対意見を聞いてもらい、お互い合意できる点を見つけたいと思います」

「私はその話を聞いて、わからないところが3つありました。その3つの点について質問してもよろしいですか？」

相反する考えが組み合わされたことによって葛藤が生じたり、質問が生じたりしましたが、明確さは失われていません。

なぜなら相反する考えではあるものの、それぞれの考えが明確だからです。

しかし、次のように考えの一部を隠したら相手に真意が伝わらなくなります。

「私はクリームパンを食べたいです。カレーパンも食べたいです。いまどちらを買おうか迷っています」（聞いた人は二つとも買えばいいのに！と思ってしまいます）

「私はその意見にほぼ賛成です。お互い合意できればと思います」（聞いた人はとくに問題はないと感じてしまいます）

「私はその話を聞いて、わからないところが3つありました」（聞いた人はわかろうとしているのか、聞く気が失せているのか判断しにくいと感じてしまいます）

自分の考えを明確にしていくことによって、相手の考えをさらに引き出し、共に簡潔な着地点と向かうプロセスこそ、相互理解へとつながる対話です。

「自分の意見を率直に伝えるのが大切なことくらい知っている。実際にそうしてきた。けど、そのせいで多くの人を傷つけてしまった。だから、率直に意見を言うのをやめた」

このような意見を聞くことがしばしばあります。

さらに深く話を聞いてみると、次のような思いがあることを知ります。

「率直な意見を言って、相手が凹んだらどうするんだ！」

「率直な意見を言っても逆ギレしてくるから面倒くさい」


実際、うまく対話が成立しない人はいます。

いちいち凹んだり、スネたり、不貞腐れたりする人に頭を抱えてしまう気持ちはよくわかります。

しかし、それでも忘れないでほしいことがあります。

相手が凹んだり、スネたり、不貞腐れたりとどんな反応をするにしても、それはすべて**相手の自由意志**による選択だということを。

そして、相手の反応にただ左右されて、あなたが自分の考えを捻じ曲げたとしても、その人との関係性が良くなることは決してありません。


さらにビジネスシーンにおいては、最終的に次の課題が突きつけられます。

「話し合おうとしても、凹んだり、スネたり、不貞腐れたりするような人と一緒に仕事をしたいですか？」

自分の考えを率直に伝える時に大切なことは、「自分と相手に対して思いやりを持つ」ことです。

その思いやりを受け取るか受け取らないかは、相手の選択です。

相手の選択を尊重するためにも、まずは自分自身の選択を尊重しましょう。

ポイント❹相手の気持ちを聴く

相手の気持ちを大切に扱うのは、対話の基本です。

そして、豊かな人間関係を築いていくうえでの基盤となります。

相手の気持ちをわかろうとしなければ、相互理解に至ることはありません。

では、相手の気持ちを知るにはどうしたらいいのでしょう？

言わずもがな、**「聴く」のが一番簡単な方法**になります。

なかには、聴かなくても相手の気持ちを即座に察知する人がいます。相手の表情や醸し出す雰囲気から、気持ちを察知するのが得意な人であったり、直感力が優れていたりする人です。

「気持ちを即座に感知する」のはまぎれもなく一つの才能です。

しかし、対話においては、やはり「聴く」という行為が大切です。

なぜなら、**「聴いてもらった」と相手に実感してもらうことに価値がある**からです。

相手の気持ちを大切に扱い対話していくと、「一体感」が生まれます。

この一体感こそ、人と人が協力して仕事をしていくうえで欠かせない要素です。

では、相手の気持ちを大切に扱うとは、具体的にどのようなことを言うのでしょうか？

私自身、過去には気持ちを尊重しながら対話することができず、数々の失敗をしてきました。

失敗体験から学び、現在は次の3つの点を意識して対話するようにしています。

⑴相手の話を聴きながら「もし、自分がその体験をしたならどんな気持ちになるのかな？」と想像する

想像力を駆使します。

「思いやり」とは、相手の立場になってモノゴトを考えることです。

しかし実際は、相手そのものになることはできません。

ここで想像力の出番です。

対話している相手と同じように考え、行動したらどのように世界が見え、何を感じるのか？

実際に相手そのものになることはできなくても、私たち人間は想像することができます。

そして、逆説的ではありますが、「思いやり」とは想像の域を出ないものです。

だから「**私にはあなたのことはわからない。わからないけどわかろうとしたい**」という「**意欲**」が健全なものです。

その意欲こそが、安心感のある感情的つながりを生み出します。

⑵「相手が感じているであろう気持ち」を、自分も心の中で感じてみる

「感情」は、頭で理解できるものではありません。

自分の心で感じて、はじめて腑に落ちるものです。

想像力を活用して相手の立場になってみます。

そこで自分がどんな気持ちを感じているのかを存分に感じます。

たとえば、「悲しい」とか「不安」といった気持ちを感じるかもしれません。「嬉しい」とか「楽しい」といった前向きな気持ちを感じるかもしれません。

どのような気持ちを感じたとしても、気持ちを感じきる時間を確保するのがポイントです。

(3)自分から感じている気持ちを伝える

相手が感じている気持ちを話しやすいように、まずは**自分から気持ちを話す**ようにしています。

「とても楽しく感じています」とか「少し憂鬱な気分を感じています」といった具合に、自分から心を開いて対話をしていくと、「気持ちを話してもいいんだ」と相手も安心し、気持ちを伝えやすくなります。

3つのどれもが、読者には「えっ、こんなことでいいの?」と思われることかもしれません。

しかし、うまくいっていない人間関係、そこでの対話を見れば、感情的なつながりを構築するための基本的なことがおろそかになっているのは一目瞭然です。

感情的つながりを大切にする対話には、特別なことは一つも必要ありません。

ただ、基本的なことを心を込めて行うだけでいいのです。

ちなみに、どうしても相手の気持ちを自分ごとのように感じられない時は、「差し支えなければ、どんな気持ちを感じているか教えてくださいますか?」とお願いすることもあります。

気持ちというのは目に見えないものです。

それでも、たしかに対話している人との間に存在する不思議なもの。

その気持ちを丁寧に扱う姿勢があるのかを、相手は無意識に見ています。

ポイント❺相手の考えを聴く

「対話している相手を理解したい」その意欲が私たちを対話へと駆り立てます。

また、相手の「考えを聴く」という行為は、相互理解に欠かせない要素です。

「対話している相手の考えを理解する」という明確な意図を持って話を聴くと、相手が何を考えているかわかります。

と同時に、何を考えていないのかもわかるようになります。

すると相手が何を知っていて、何を知らないのかもわかってきます。

なぜなら、考えていることは、その人が「知っていること」を元にしているからです。

さらに相手の話に耳を傾けていくと、対話している相手の「世界観」が見えてきます。

対話している相手が、考えていることを整理してから話してくれれば、聴き手はスムーズに理解できます。

しかし、現実的には整理された考えを聴く機会より、まとまりのない考えを聴くことのほうが多いものです。

まとまっていない考えを聴いている時には、相手の考えを聴き手が整理しながら聴く必要があります。

そのためには、上手に質問していかなくてはいけません。

とくに事実と考え。感想が混ざっている話を聴かなくてはいけない時には、上手に質問を投げかけていかないと混乱してしまいます。

相手の考えを聴いて理解する行為には、一つ外せない条件があります。

それは話を聴く時に、**「自分の考えをいったん脇に置いておく」**ということです。

自分の考えを頭に張り巡らせながら話を聴いていると、相手の考えを深く理解することはできません。

とくに、自分とは異なる意見が出てくると、即座に反対意見が浮かんできてしまいます。

対話している相手が何を考えているのか理解する時には、相手の話に100%集中しましょう。

相手の意見を理解してこそ、建設的な意見交換ができるようになります。

話し合いがうまくいかない原因は「考え方が違う」より、「相手の考えを聴き入れていない」が多いものです。

相手が何を考えているのか、しっかり聴いて理解しましょう。

そのうえで自分と同じ考えはどこか？　また違う考えはどこか？　を見極めていくことで

す。

見極めたうえで、対話を重ねていくのか、それとも対話をやめるのかを判断できます。

「対話の5つの要素」を丁寧に扱い実践する

まったく新しい解決策を体験する

①事実確認を大切にする
②自分の気持ちを正直に伝える
③自分の考えを率直に伝える
④相手の気持ちを聴く
⑤相手の考えを聴く

この5つを丁寧に実践していけば、豊かな人間関係を築けます。また、ビジネス上の課題がチャンスへと変換されていきます。

ビジネス上のどんな問題も突き詰めると、そこに関わる人の「見方」でしかありません。

対話とは、「私はこのテーマをこのように見ています」というシェア。

そのシェアを通じて、お互いに自分とは違うモノゴトの見方を知っていくことです。

そして、**違うモノゴトの見方に刺激を与えあい、新しい第三の見方を生み出していきます。**

A or B→AかBかのどちらかが正解（対話のない世界）
A & B→新しいCという解答の誕生（対話のある世界）

Cという解答を創造することこそ、ビジネス上での課題解決やチャンスの創造です。


5つの項目を一つひとつ丁寧に実践していくと、深い対話が生まれます。

深い対話は、ビジネス上の問題をいとも簡単にチャンスへと変換します。

ぜひ焦らずじっくりチャレンジしてください。

実践❶意識的に「選択」していると相互理解が深まる

「自分が考えていることは、自分が選んでいる」と気づくと、他者との相互理解が深まりま

す。

考えていることは自分で選んでいたとわかっていれば、相互理解が深まるのは、「相手に責任を押しつけなくなるから」です。

自分と相手との間に壁ができるのは、自分の「無責任さ」が原因です。

この無責任さというのは、「自分の考えは自分で選んでいない」という発想からくるものです。

「考えていることは自分で選んでいる」と理解できると、次のような肯定的な変化を体験します。

たとえば「あなたはいつもミスばかりしている」と言われたとします。

考えていることを自分で選んでいることに気がついていないと、「ただ嫌なことを言われた」と思うだけです。

たいていのケースでは、嫌なことを言ってくる人のことを嫌いになります。

これは相手の発言に反応しているだけで、自分で考えを選択しているとは言えません。

しかし、「考えていることは自分で選んでいる」と理解していると、「私は本当にいつもミスばかりしているのか？　まずは確認してみよう」となります。

つまり、**相手があなたをどのように見ているのか？（さらに平たく言うと、どのような印象を持っているのか？）と、自分が自分自身をどのように見ているのか？　を分けて考えられるようになります。**

「相手の言葉にただ反応する」で終わらせるのではなく、相手の言葉をきっかけに、自分自身に向き合うことができるのです。

たとえ他者にネガティブなことを言われたとしても、その**言葉に対しての受け取り方は自分次第**です。

それが**自分で選べる**という意味です。

自分で選択しているので、誰かに責任をなすりつける必要もありません。

つまり、**自分の人生に対して完全に責任を負う**ことができます。

他者の発言にとらわれなくなり、自分の人生に全責任を負うことができたなら、人は自由を感じます。

自分と相手の自由を認めるという意思が対話の根底に流れていれば、他者をコントロールする必要がありません。

「相手が何を考えるかは、相手の自由。私が何を考えるかは、私の自由。だから、自由に意見を伝えあって同じ考えを発見していこう。違う考えも発見していこう」となります。

「自分の考えは自分で選んでいる」とは、特別なことではなく、すべての人がすでに行っていることです。

ただ、そのことに気がついている人と気がついていない人がいるだけです。

気がついている人は、「楽しくなることを考えよう」という意欲があります。

気がついていない人は、「あらゆるモノゴトを他人のせい」にしています。

心の奥底では、無力で被害を受けているように感じているのです。

また「組織で働いていたら、自分の意志ではないこともしなくちゃいけないことがある」と言う人がいます。

たしかにそういうこともあるでしょう。

しかし、自分の意思に反する指示命令を聞き入れるのか？　それとも聞き入れないのか？究極的には、すべて自分が選択しています。

つまりは、すべて自分の責任です。

「自分が考えていることは、自分が選んでいる」という姿勢を持って対話すると、異なる意見にもしっかり耳を傾けられます。

また、相手の言葉に振り回されることもありません。

純粋に「相手のことをよく知りたい」という興味や関心が湧いてきます。

実践❷問題解決までの時間が爆速になる！

対話の方程式の活用に慣れてくると、ビジネス上で起こるさまざまな問題の解決にかかる時間が非常に短縮されます。

同じことが人間関係の問題解決にも言えます。

問題解決が爆速になる理由は、**「自己との対話」「他者との対話」によって、問題の真の原因発見が速くなると同時に、原因の共有も速くなる**からです。

どんな問題にも必ず原因があります。

その原因が特定できたなら、対処方法は自ずと定まってきます。

つまり問題解決に時間がかかるのは、真の原因を特定するのに時間がかかっているからです。

私自身、対話の方程式を知らない頃は、人間関係について何度も眠れない夜を過ごしてきました。

また悩みを抱えている期間も長く、同じ問題について何日も、ときには何ヶ月も悩んでいたのです。

しかし、対話の方程式の活用に慣れてくると、数時間、数十分、気がついたら5分程度で解決していけるようになりました。

その体験から人間関係の問題は、主に次の3つのズレが原因となっていることに気がつきました。

❶認識のズレ
❷考えが伝わっていないことによるズレ
❸同じ気持ちではないことによるズレ

対話の方程式を活用していくと、この3つのズレはすべて解消されます。

お互いが「同じ」だと思っていることも、「違う」と思っていることもわかります。

そして「違う」と思っていることがわかるから、何をテーマに話していけば「同じだね」に近づくかもわかるのです。

実践❸新しいアイデアに出会う

対話には、過去と未来を一つにしていく力があります。

過去と未来が一つになったとき、新しいアイデアに出会う機会を与えてくれるのです。

私たちの頭の中には「時間」がありません。

昨日のことを思い出すこともできれば、明日を想像することもできます。

ある意味、頭の中にタイムマシンがあるようなもの。

そして、対話は過去に起こったことでも、未来に起こしたいことでもテーマにできます。

話し合っている瞬間に、過去も未来もテーマとして扱うことができるのです。

ビジネスでは、過去と未来について話し合うことは大切な意味を持ちます。

- **先月の取り組みの結果は？**
- **課題点があるとしたら？**

と、過去の取り組みを振り返ることで未来の活動に活かせます。

- **未来にどのような組織として存在したいか？**
- **これからどのような喜びを顧客に届けたいか？**

と、未来についてのイメージを話し合うことによって、どこに向かってエネルギーを集中していけばいいのか明確になります。

描く未来と過去に積み上げてきた活動のバランスで、私たちは今日やるべき仕事、もしくは、やらない仕事を決めていきます。

このように、過去と未来を「いま」話し合うことによって、課題と目標が一致して新しいアイデアが誕生します。

「未来にこんな世界を観た！」というのがビジョンです。

ビジョンに向かって思考し、ビジョンに向かって行動することによって、仲間や情報など、ビジョンの具現化に必要なすべてのものが集まってきます。

ビジョンを示す人のことを「リーダー」と呼びます。

リーダーという言葉は、さまざまなシーンで使われています。

そのため「リーダーの役割は何だと思いますか？」と質問しても、人によってイメージするものがまったく異なることも珍しくありません。

私が思うリーダーの定義は「**未来を示し、その未来を信じ行動する者**」です。

リーダーについて詳しく語るのは別の機会に譲るとして、ざっくりではありますが「イメージの中で未来を観て、周囲の人に未来を示す」ことは、リーダーの絶対条件だとお伝えしておきます。

未来を示すのとは逆に、過去にもとづいてモノゴトを観て仕事を行う役割の人をマネジャーと呼びます。

マネジャーは「昨日の課題点は？」と仕事を振り返っていきます。

なぜなら、マネジャーは仕事を管理するのが役割だからです。

課題点や問題点を洗い出し、その対策を練って実行に移していきます。

マネジャーの仕事は、ワークフローをブラッシュアップし、仕事環境をより良くしていくことです。

リーダーもマネジャーも、チームや組織には欠かすことのできない大切な役割です。

つまり、**チームや組織において、リーダーとマネジャーの対話によって未来と過去がうまく「現在」に融合しているかどうかが重要ポイント**です。

過去から現在について語る。

未来から現在について語る。

真逆のアプローチによって新しいアイデアが生まれてきます。

ビジネスの規模によっては、リーダーとマネジャーという役割を一人で兼任されている場合もあります。

また、マネジャーで力を発揮する人とリーダーとして力を発揮する人は、往々にしてタイプが異なります。

タイプの違う二人が、しっかり対話できている組織は、安定感のある強い組織です。

過去の話ばかりしていれば、いつも頭の中は問題ばかりになります。

夢見る未来の話ばかりしていて、問題を放っておいてもビジネスはうまくいきません。

過去と未来をつなぐ対話は、いつもビジョンと現実を新しいアイデアでつなげてくれます。

ワクワク感じる未来のイメージ、起こってしまった問題、そのどちらもしっかり見つめ、オープンな対話を行うことで、新しいアイデアに出会い、ピンチをチャンスに変えていけるのです。

実践❹険悪な仲だった二人が信頼関係で結ばれる！

対話には、人間関係を円滑にする力があります。

なぜなら、**対話自体が自分と違うものを「認め受け入れていく」行為**だからです。

人と人が仲悪くなる理由はさまざまです。

しかし、どんな理由で険悪になったとしても、最後に行き着く理由は「自分と違うことを許さない」という観念が原因となっています。

「自分だったらそうはしない！」

「あんなふうにする意味がわからない！」

このような言葉が自分の口から出る時には、「自分と違うことを許さない」という考えが頭の中を駆け巡っています。

しかし、人は考えていることも感じていることも、それぞれ違うのが自然なことです。

「自分と違うことを許さない」という考えは、その自然な流れに逆らってしまう考えです。

なぜ、私たちはこのような自然な状態に逆らった思考を生み出してしまうのでしょう？

それは、**自分自身の存在や人生に対して「安心」を感じていない**からです。

経営者や幹部の方から、よくこのような相談を受けます。

「もうすぐ30歳になる部下がいます。その部下にはパートナーもいて、もうすぐ子どもが産まれます。彼らの生活を考えると、もう少し給料をアップしてあげたい。そのためにも、もっとしっかりして欲しいのですが、なんて伝えたらいいでしょう？」

相談者の方が部下を大切に思っていることは充分伝わってきます。

それでも部下からしたら、ハッキリ言って余計なお世話です。

さらに言えば「もっとしっかりして欲しい」には、「私の思うようにしっかりして欲しい」という意味が込められています。

このように思われて、やる気が出る人はいません。

なぜなら、「このままのあなたではダメだ」と勝手に否定され、心配されているからです。

そして、**この部下に向けられた心配は、じつは相談者が自分自身に感じている不安**なのです。

その不安を部下に背負わせようとしているに過ぎないのです。

自分の人生に安心を感じている人は、「この人にはその経験が必要なんだな」と、他者の失敗やダメになってしまう自由すら認められます。

さらに言えば、自分の正解、不正解を他者に押しつけることはありません。

「何を成功とし、何を失敗とするのか」、対話によって二人で導くことができます。

この**「導く力」こそ、不仲になってしまう原因をクリアにする力**です。

「いやいや、そうは言ってもなんかこの人とは合わない」とか「相性が良くないってこともありますよね」とご意見をいただくことがあります。

たしかに人と人には相性があります。

しかし、相性が合わないからといって、必ずしも仲が悪くなる必要性はありません。

とくにビジネスシーンでは、相性が良くない相手に対しても、協力しあえる関係性づくりは必要です。

お互いが心地よくいられる距離感を、自己との対話によって探求していきましょう。

対話は、人間関係を円滑にします。

険悪な関係性が、対話することで、強い信頼関係が結ばれる状態に変化することもあります。

逆説的ではありますが「自分とは違う」と認め、受け入れていく行為によって、「自分と同じ」ということに気がつき、不仲の原因がクリアになっていくのです。

対話を通して相手を認め受け入れる

人間関係が軽くなる

対話というプロセスを経て、相手の考えを理解し、気持ちに共感することによって、相手の存在価値を認められます。

相手を認め、受け入れるとは、相手の「存在」そのものの価値を認めることです。

なぜ、対話すると存在そのものを認めやすくなるのでしょうか？

それは、「**知る**」**は**「**認める**」という意味でもあるからです。

「知る」＝「認める」を説明するために、有名な話をご紹介します。

ジョージ・バークリーという、アイルランドの哲学者（聖職者）のお話です。

ジョージ・バークリーは「もしいま、私たちの知らない遠く離れた地の誰もいない森で、一本の木が倒れたとする。その際に、その木は『音を出して』倒れたのか？」という問いを投げかけたと言われています。

この問いの答えは、「木は音を出していない」でした。

要するに「観察している者がいなければ音は出ていない」という意味です。

存在は、「認知」があってはじめて成り立つというお話です。

※心理学で言う認知とは、人が外界にある対象を知覚したうえで、それが何であるかを判断したり解釈したりする過程のこと。

・相手の考えを知る。
・相手の気持ちを知る。

「知る」は、相手がそこに存在していることを認めることになるのです。

ここに、対話とは尊い行為だと言える理由があります。

このようにお伝えすると「言っていることはわかる。わかるけど、相手の話していることを認められない時だってある！」と感じる方もいるでしょう。

誤解のないよう説明しておきますと、**意見が存在することを認めるのと、意見に賛同するのは同じ意味ではありません。**

・意見があることを知る。

・意見の内容を知る。

じつは意見を聴いている時点で、すでに相手の存在を認めているのです。

私たちはそのことに気がつく必要があります。

そして、相手に意見があるように、自分にも意見があります。

違う意見を持つことは、何一つ悪いことではありません。

相手と自分の意見が異なるのは当然のことです。

繰り返しになりますが、意見が存在することを認める（聴く）のと、意見に賛同するのは同じ意味ではありません。

存在そのものを認めることと、相手の話に賛同することをしっかり分けておくと、活発な意見交換をしやすくなります。

活発な意見交換のできる人間関係は、サラッとしていて軽さを感じるものです。
なぜならそこに、対等性が存在するからです。

仕事では、対話の次の「議論」を目指そう

A or BからA＋Bで、新しいアイデアを生み出す

「社内でしっかり議論して取り組みを決めていく」

読者の中にはただ、それだけのことが夢のように感じている方もいるのではないでしょうか？

何を隠そう、以前の私こそ「みんなで話し合って決める」ことを夢のように感じていた一人なのです。

「社内会議の際に、みんなから意見が出なくて困っている」

「いつも話す人が決まっていて、活発な意見交換にならない」

後にこのようなお悩みをビジネスパーソンからよく聞き、じつは話し合いに飢えていたのは、私だけではないことを知りました。

言うまでもなく、「議論」によって、目標や方向性を決めていくことはとても大切です。

しかし、**「議論」を行うのは、とても難しい場合が多い**のです。

なぜなら、多くの人は議論することに慣れていないからです。

では、議論することを諦めなくてはいけないのでしょうか？

もちろん、そんなことはありません。

会話・対話・議論について理解を深め、準備していけば、社内で活発な議論をすることも夢ではありません。

活発な議論を行うためには、会話と対話が重要になってきます。

会話できていないと、対話する関係にはなりません。

対話できていないと、議論する関係にはなりません（最初から対話を目的として集まっているような特別な機会を除きます）。

次に、それぞれの意味を辞書で調べてみます。

会話：複数の人が互いに話すこと

対話：向かい合って話し合うこと
議論：互いの意見を述べて論じ合うこと

それぞれを私なりに解釈してみると、次のようになります。


会話：人間関係の基本構築に必要なもの。

挨拶や簡単な情報交換がそれに当たる。

感想を述べあうことが多い。

「今日は晴れていて、とても暖かいですね」

「そうですね。春の香りがしてきましたね」


対話：思考・感情をシェアすること。

「私は嬉しく感じている。それは君がビジネスパーソンとしても、人としても成長していると感じているからだ」

「私は悲しい気持ちだ。成約が決まると思っていた案件が流れたからだ」

議論：目的に沿って、話し合いを論理的に進めていくこと。

「私はA案を採用すべきだと考えています。なぜなら、A案を採用して仮に失敗したとしても、必要なデータは集まります。そのデータがあれば、すぐにB案に取り組めるからです」

「私はA案を採用するのは反対です。なぜならA案を採用するには多くの人員を割かなくてはいけません。いま、A案に人員を割くと、他の進行中のプロジェクトに支障が出ます」

活発な議論を行うのが難しい根本的な理由は、二つあります。

一つは、**会話、対話の量が圧倒的に不足している状態**にある。

つまり、普段から話す機会が少な過ぎる会社は、議論するベースが整っていないと言えます。

二つ目の理由は「**そもそも、論ずることができない**」というものです。

論ずるとは次のことを言います。

Aである。なぜならBであるから。

Aに当たるのが結論や主張で、Bに当たるのが理由や根拠です。

このように、**結論とそれを裏付ける根拠をワンセットで伝えることを論じると言います。**

「私は〇〇だと思う!!!」と、どれだけ大きな声で主張しても、感情をたっぷり込めて話したとしても、理由や根拠がなくては論じていることにはなりません。

当然ですが、論じることができなくては、議論は成立しません。

活発な議論を促したい場合は３つの準備をしていきましょう。

❶ 日頃の「会話」によって人間関係の土台をつくっておく
❷「対話」によって考えと気持ちを共有し、信頼関係を構築しておく
❸「議論」するために、論じるためのトレーニングをしておく

結論としては、活発な議論を行うためには、まず先に会話と対話を充実させるということです。

と同時に、日頃から論じるトレーニングを実施しなくてはいけません。

会話・対話・議論をホップ・ステップ・ジャンプだと捉えると、一つずつ階段を上っていけばよいことがわかります。

議論が活発な会社は強い組織です。

なぜなら議論できるようになると、「Aにしようか？」「それともBにしようか？」の二択ではなく、AとBという意見をぶつけたことで、Cという新しいアイデアが誕生するからです。

新しいアイデアを実行することによって、会社は成長し続けていきます。

一生磨き続けたいのは「質問力」

質問が出ない人のよくある特徴と解決策

対話において最も重要と言っても過言ではないもの、それは「質問力」です。

質問しなければ、考えていることがわかりません。

そのため、質問力は一生磨き続けていきたいスキルです。

しかし、大切なスキルにもかかわらず、若いビジネスパーソンから「質問するのが苦手です」とか、「なかなか質問が浮かびません。どうしたらいいですか?」という声をよく聞きます。

質問力を磨き、自己理解を深め、ビジネスを成功に導く。

他者に対する理解を深め、チームワークを築く。

さらに平たく言えば、人と楽しく働く。

これらを実現するために質問力は欠かせません。

では、どのように質問力を磨けばいいのでしょうか？

まずは「質問」とは何かを考えてみます。

質問とは、「わからないこと」「知りたいことを問う」ことです。

別の表現をすれば、「**知りたいという欲求を言葉にすること**」と言えます。

時々、「自分に興味がない」という人がいます。

また「他人に興味がない」という人もいます。

興味がないから質問力がないのか、質問力がないから興味が失せてしまったのかはわかりませんが、このように口にする人の多くは「質問する力」を持っていません。

基本的に人は、自分自身に興味関心が薄いと他者に対する興味関心も薄いものです。

そのため、まずは**自分自身に「なぜだろう？」と質問することが大切**です。

その時に「なぜだろう？」を繰り返すと、自分が本当に思っていることにアクセスできるようになります。

自分の本当の思いにアクセスするのが上手になってくると、モノゴトの本質を理解するのが上手になります。

質問力を磨くために、質問に対してよくある二つの「**苦手意識**」を知っておくと役立ちます。

質問が思いつかない理由は、「なぜ？」と考える習慣がないからです。

このなぜ？　の源は「好奇心」です。

好奇心とは、わからないものに対して、その理由や意味を知りたいと考える根源的欲求であるとされています。

根源的欲求ですから、基本的には誰にでも備わっているものだと考えられます。

しかし、その欲求に素直に行動できるかどうかは人によります。

たとえば、育ってきた環境が影響していることもあるでしょう。

子どもが不思議に思ったことを、大人に「なんで？」と聞くことがありますね。

環境A：子どもは質問に対して、いつも納得できるように答えてもらいました。

環境B：子どもは質問に対して、いつも怒られました。

Ａの環境で育った子どもは、「知る」ことに喜びを感じるイメージを抱くことが想像できます。

Ｂの環境で育った子どもは、「知る」ことは嫌な気分になるイメージを抱くことが想像できます。そして、質問することをやめてしまうこともありえます。

質問することを思いつかない人は、「なぜ？」と問うこと自体に喜びを感じていない可能性が高いのです。

このような傾向にある人が、質問上手になるためのお勧めの方法があります。

自分の好きなことだけについて、優しく自問していく。

仮にコーヒーが好きだとします。

その場合は「私はなぜコーヒーが好きなのかな？」といった簡単な質問からスタートし、コーヒーにまつわる質問を少しずつ増やしていきます。

「いつ飲むのが好きなのかな？」

「どこのお店で飲むコーヒーが一番好きなのかな？」

「誰と飲むコーヒーが一番好きなのかな？」
「私はいつからコーヒーが好きなのかな？」

このように、好きなことのみに対して自問していくと、喜びの感情につながる答えが出やすいはずです。

「好きなことについて自問する」を繰り返すと、質問に対するネガティブなイメージが払拭されていき、質問することに対する心理的抵抗が減っていきます。

次に、**「質問は思い浮かんでいる。しかし、実際に聞くことに躊躇してしまう」**というケースについてお答えします。

このような人は、質問することによって「相手からどう思われるのか？」と不安を感じています。

さらに言えば、「変に思われる」とか「バカだと思われる」と思い込んでいて、質問することに躊躇してしまうことが多いようです。

しかし、よく考えてみるとこれは本末転倒の考え方です。

「知らない」ことを「知る」から賢くなるのであって、「知らない」ことを「知らないまま」

にしていては、知恵が手に入りません。

つまり、いつまで経っても賢くなれないのです。

本当に賢い人は、知らないことを当然のことだと捉えています。

そして「知りたい」という欲求に素直に従って生きています。

なおかつその素直さが魅力となり、人を惹きつけているのです。

少しだけ勇気を出して質問してみてください。

きっと、対話している相手と深いつながりを感じられます。

質問する力は、自分自身を深く理解するために、そして、他者とのつながりを構築するために大切な力です。

とくにビジネスにおいては、この質問力がそのまま成果に直結します。

仲間や顧客を理解し、喜びを分かち合うためにも、一生磨き続けたいものです。

「合意」こそが納得できる人間関係のベース

太古の日本では、輪になって話すのが普通だった！

いま、私たち大人が大切にしなくてはいけないことは、「**対話によっての合意を目指す**」ことです。

わかりやすく言えば、「話し合いによって、互いの意思が一致することを目指そう」という意味です。

「対話によって合意する」ことを目指す理由は、**合意してモノゴトを前進させるのが、最も平和な方法**だからです。

多くの経営者やビジネスパーソンと話してきて、問題解決のために選択する方法がパターン化していることに気がつきました。

たとえば、ルールを定め問題解決を図るケースがあります。

「ルールを設け守らせる。守らなければ罰を与える」という方法ですね。

仕組み化によって問題解決を図るケースもあります。

組織内で人間関係が問題になっていると、「関係性の悪い人を遠ざける」という人事異動によって問題解決を図るケースも見てきました。

たしかに、どの方法も間違っていません。

しかし採用するまでのプロセスに「対話」がなければ、どの方法を選択したとしても、うまく機能することはありません。

なぜなら、**対話がなければ関係する人にとって「自分ごと」にならない**からです。

決断までのプロセスに対話がない（または極端に少ない）方法は、応急処置のようなもので、真の問題解決とは言い難いでしょう。

ルールや仕組み、人事異動が功を奏するのは、関係した人々の間に対話があり、合意がなされた時だけです。

「合意を取るのが大切です。だから話し合いましょう」と言うと、このような反対意見を聞くことがあります。

「悠長に話し合っている時間がない」

私も仕事をしていて、「1日が48時間ならいいのに」と思ったことは何度もあるので、お気持ちはわかります。

しかし、あえて言います。

「**話し合っている時間がないという思考が問題を生み出し、問題を拡大させている**」

話し合っていないから、問題が起こるのです。

意思が一致していないのにモノゴトを進めるから禍根が残り、さらに問題が拡大するのです。

「話し合いによって互いの意思が一致することを目指す」ことで、最も平和にモノゴトを前進させられます。

平和のあるところには平和を愛する人が集まり、協力しながらモノゴトが進められます。

また、日本では昔からさまざまなコミュニティにおいて、輪になって話し合うことが大切にされてきたと聞いたことがあります。

「対話によって合意を取る」のは私たちにとって、じつは馴染み深い手法かもしれません。

［コラム］
「話してもうまくいきません」の嘘

「話し合ってもうまくいきませんよ」。

私がこの言葉をいったいどれだけ多くの人から聞いてきたのか、わかりません。

ある時は思春期の子どもを持つ親御さん。

ある時は若いビジネスパーソン。

ある時はクリエイター。

ある時はヘアデザイナー。

ある時は中小企業の経営者。

年齢も職業も性別も関係なく、さまざまな人から「私の問題は根深いから、話してもうまくいかないよ」という意味の言葉を聞いてきました。

率直に言えば、この言葉は間違えています。

正しくないと思う理由は、うまくいくの「うまく」が、「自分の都合のいいように」という意味で使われているからです。

対話していくと、相手が何を「うまくいく」と定義づけているのかわかります。そして、自分の持つ「うまくいく」の定義と何がどう違うのかがわかります。

定義がわかること自体に価値があるのです（この時点でうまくいっています）。


対話は、相手に「はい！　そうですね」と言わせるために行うのではありません。同意はあくまで対話が生み出した結果の一つです。

「対話しよう」と言っている私がこのように言うと、ダブルスタンダードに思われてしまうかもしれませんが、本当のことだから明確にお伝えします。

対話すれば「自分が話すべき人ではない」とわかることがあります。また「この人は関わってはいけない人だ」と、わかることもあるのです。

対話は人と人をつなぎます。と同時に、私たちに「つながらない選択肢」も見せてくれます。

究極的に言えば、いまの時点で話してわかりあえる人と一緒にいればいい。仕事を共にするならとくにそうです。

話し合ってもわかりあえないことに、怒ることも悲しむことも必要ないのです（そう頭で理解していても、怒ったり悲しんだりするのが人間だとも思いますが）。

「話してもうまくいかない」と感じた時は、自分が思う「うまくいく」に執着がないか確認してみましょう。

絶対にわかってもらいたいという思いを手放せば手放すほど、対話は自然と流れていき、時には理想以上の結果をもたらしてくれるものです。

おわりに

「対話」に興味関心を持っていただけたことを心から嬉しく思います。そして、この本を最後まで読んでいただき、ありがとうございます。

本音を言えば、本書を書き始める前は、まだ自分には「対話」について本を書くのは早いように感じていました。「対話なんてものは目にも見えず、正解のない不確かなもの。なのに、アレコレと本に綴るのは生意気なこと」と思っていたからです。

また、「人間関係なんてものは、どうしようもなく面倒なもの」そう思ったこともなきにしもあらず。

コミュニケーションが元から得意なわけではない。人間関係も時々、面倒くさいと感じてしまう。これが私の本音です。生きていれば、きっと誰でも「人間関係って面倒くさいな」と、思ってしまうことがあるのではないでしょうか？

しかし、それでも私たちにとって仕事仲間や友人、恋人や家族との間に発生する人間関係は何よりも大切なもののはずです。

私自身、幼い頃からコミュニケーションや人間関係に悩みに悩んで「もうムリかも」という想いを何度も感じてきたわけですが、その想いは裏を返せば「心からのつながりを感じてみたい」「一体感を味わいたい」という欲求でした。

人とコミュニケーションをとる中で、苦しさを感じるたびに「この心の苦しさから脱する方法が何かあるはずだ」と模索し、粘りながら学んできたものを「対話の方程式」としてまとめました。

コミュニケーションもとれず、人との一体感に飢えていた私と出会ってくれたすべての人のおかげで「対話の方程式」は完成したのです。

もし、この本を読んでくれた読者の方が、人間関係やコミュニケーションに悩みを抱えているなら、いま自分にとって「いい人だ！」と思える人に対しても「最悪だ」と感じている人に対しても、同じように対話の方程式を活用してみてください。

きっとこれまでと相手に対する見方が変わるはずです。そして、できる限り「自分自身に優しく」いてください。頑張り過ぎず、焦らず、自分との対話を楽しんでもらいたいと思います。

最後にこの本を書くきっかけに深く関わってくれた方々に感謝の意を捧げます。

真摯な姿勢で自分と仲間に向き合い続けているクライアントの皆さん。

さらに多くの人に対話の知識を届けて欲しいと伝えてくれた佐藤佑哉氏。

そして「対話の専門家」の道に私をいざなってくれた松尾雄也氏。
いつもメチャクチャな私を無条件の愛でサポートしてくれている家族。
いつもありがとう！

秋分の札幌、出張先のホテルにて。

田口淳之介

著者プロフィール

田口淳之介（たぐちじゅんのすけ）

１９８０年生まれ。「自由・平等・喜びのある働き方を届ける」をミッションとし、のべ2万人とのコミュニケーション経験をもとに、人間関係に悩む経営者、マネジャー、ビジネスパーソンに〝利益と笑顔〟が増える組織運営に必須の「対話の方法」を、毎月20社以上、全国の企業様で研修を通じて教えている。

リーダーのための対話《たいわ》の方程式《ほうていしき》

二〇二一年（令和三年）十二月二十九日　初版第一刷発行

著　者　田口淳之介
発行者　石井悟
発行所　株式会社自由国民社
東京都豊島区高田三―一〇―一一　〒一七一―〇〇三三
電話〇三―六二三三―〇七八一（代表）
造　本　JK
印刷所　八光印刷株式会社
製本所　新風製本株式会社